Konstanze Crüwell · Von Fürsten, Quellen und Roulette

Für Ludwig, Christoph und Ulrich

Konstanze Crüwell

Von Fürsten, Quellen und Roulette

Kleine Promenade
durch die Bad Homburger Geschichte

Fotografien von Mirko Krizanovic

Verlag Waldemar Kramer · Frankfurt am Main

Ein Schöngeist als Landgraf: Friedrich V. Ludwig 37

Homburg in der Ära der englischen Landgräfin 64

Vorwort

Napoleon war höchst irritiert, als er in den Freiheitskriegen sechs Prinzen von Hessen-Homburg heldenhaft gegen seine Truppen kämpfen sah und festellte, daß das winzige Heimatland der Brüder kaum auf der Karte zu finden war. Der Gegensatz zwischen dem Mikrokosmos dieser Landgrafschaft, die nicht mehr als ein paar Dörfer und ein Städtchen umfaßte, und der großen Ausstrahlung, die sie im Lauf der Jahrhunderte immer wieder entwickelte, macht die Homburger Geschichte ungewöhnlich und faszinierend: Eine leuchtende Spur hat die kleine Residenzstadt auch als »Musenort« in der deutschen Geistesgeschichte hinterlassen, vor allem durch Friedrich Hölderlin, der hier entscheidende Jahre seines Lebens verbrachte. Von ganz anderer Art war schließlich die glänzende Karriere, die Homburg machte, als es um 1840 internationales Modebad und einige Jahre später Sommerresidenz Kaiser Wilhelm II. wurde.
Von der Bad Homburger Geschichte seit ihren Anfängen im Jahr 782 bis zum Ende des Ersten Weltkriegs wird in diesem Buch erzählt – ohne Anspruch auf Vollständigkeit. Bei den Vorarbeiten waren mir zahlreiche homburg-historische Untersuchungen eine Hilfe, darunter insbesondere die Bücher von Angelika Baeumerth, die vierbändige Stadtgeschichte von Heinz Grosche und Friedrich Lotz, Fried Lübbeckes »Kleines Vaterland« oder die Forschungsarbeiten von Gerta Walsh.

Konstanze Crüwell

Blick vom Weißen Turm auf die Innenhöfe des Schlosses

Anfänge der Stadtgeschichte

Altstadt

»Am liebsten spazierte ich durch das mittelalterliche Viertel der Stadt – das liebe, alte, märchenhafte Viertel, weit weg vom lärmenden Alltag und von Prinz Lenoirs (Blancs) neuem Palast, – ohne alle die Dandies und Ladies in ihren besten Kleidern auf den Promenaden zu sehen und zu hören – und ganz weit weg vom ratternden Kreiseln des Roulette...« Vielleicht würde William Makepeace Thackeray (1811–1863), der in »The Kickleburys on the Rhine« Homburg ironisch als »Noirbourg« porträtierte, heute mit noch größerem Vergnügen im ältesten Teil von Homburg herumwandern: In den letzten Jahrzehnten hat die lange vernachlässigte Altstadt ihr historisches Gesicht weitgehend zurückgewonnen und sich mit ihren verwinkelten Gassen und den baumbestandenen kleinen Plätzen erfreulich verwandelt: Viele alte Fachwerkhäuser, die vom entstellenden grauen Putz befreit und sorgsam restauriert wurden, zeigen wieder ihr ursprüngliches Bild.

Dietigheim und Burg »Hohenberg«

In fernen Zeiten hieß die untere Altstadt Tiedenheim oder Dietigheim: Das 782 im Lorscher Codex zum ersten Mal urkundlich erwähnte Dorf gilt als Urzelle der heutigen Stadt, die erst seit 1912 den amtlichen Namen Bad Homburg vor der Höhe trägt. Wie es in den allerersten Jahrhunderten dort aussah, wissen wir nicht. Überliefert ist nur, daß vor 1171 oberhalb des Dorfes Dietigheim – dort, wo heute das Landgrafenschloß steht –, die Burg »Hoinberg« oder »Hohenberg« erbaut wurde, vermutlich von einem tatkräftigen Herrn namens Wortwin, der in alten Urkunden als der erste namentlich bekannte Eigentümer erscheint.

Schon eine Generation später, um 1200, wurden Burg und Dorf von den Herren von Eppstein erworben. Sie waren damals eines der mächtigsten Grafengeschlechter im Taunus und regierten Homburg länger als später die Landgrafen, sind in der Stadt aber nur noch durch das Straßenschild einer Sackgasse präsent.

In der Altstadt

Im 14. Jahrhundert errichteten sie den Weißen Turm – heute das Wahrzeichen der Stadt – auf der Burg, die sie zu jener Zeit auch noch um einen Palas und zwei weitere Häuser erweiterten. Damals entstand zwischen der Burg und Dietigheim eine Siedlung, in der Burgmannen, Handwerker und Krämer wohnten. Die bedeutendsten Burgmannen waren die Ritter Brendel, die vom 14. Jahrhundert an die Burgvögte stellten und als Lehensträger der Eppsteins großen Einfluß hatten, bis Landgraf Philipp im 16. Jahrhundert das Feudalsystem abschaffte.

Tuchmacher und Weinbauern

Im »Tal« waren seit dem Mittelalter Tuchmacher ansässig, die sich hauptsächlich der Wollweberei widmeten. An ihr blühendes Gewerbe, das lange zur Homburger Wirtschaftskraft beitrug, erinnert noch der Straßenname »Hinter dem Rahmen«: In der Gasse an der Schloßmauer wurden die Tücher in großen Rahmen glatt gespannt. Anfang des 17. Jahrhunderts begann jedoch die übermächtige englische und flämische Konkurrenz auch der Homburger Tuchmacherei das Leben schwer zu machen.
Viele Familien lebten in mittelalterlicher Zeit natürlich von der Landwirtschaft und vom Weinbau, der an der heutigen Haingasse oder auf dem Wingertsberg betrieben wurde. Von altersher (und bis zum 19. Jahrhundert) waren zudem die Mühlen ein wichtiger Erwerbszweig für Homburg.

Herrschaftswechsel

Den Herren von Eppstein war nach knapp anderthalb Jahrhunderten das Geld ausgegangen: Sie mußten die Burg 1334 an den Pfalzgrafen Heinrich II. von der herzoglich-bayerischen Linie verpfänden, behielten sie jedoch als Lehen. Aber der Niedergang der Eppsteinschen Herrschaft war nicht aufzuhalten: Nachdem Homburg fast 300 Jahre lang seiner Familie gehört hatte, verkaufte Gottfried IX. von Eppstein im Jahr 1487 die Burg, die Stadt und die Ämter mit den umliegenden sechs Dörfern Seulberg, Gonzenheim, Ober- und Niederstedten, Dornholzhausen und Köppern an den Grafen Philipp von Hanau. Nach langwierigen Auseinandersetzungen ging Homburg nach dem bayerisch-pfälzischen Erbfolgekrieg schließlich in hessischen Besitz über. Als dies auf dem Reichstag in Worms 1521 rechtlich bestätigt wurde, begann mit dem Landgrafen Philipp von Hessen (1504–1567) eine neue Ära, und die lange Epoche ständig wechselnder Herrschaftsverhältnisse hatte ein Ende gefunden.

Die Landgrafschaft Hessen erstreckte sich zu Philipps Zeit von der Weser bis an den Neckar, vom Mittelrhein bis an die Fulda und zählte an größeren Städten Darmstadt, Kassel sowie die Residenzstadt Marburg. Mit Karl dem Großen, auf den sie ihren Stammbaum zurückführten und der Heiligen Elisabeth von Thüringen als Ahnherrin ihres 1292 in den Reichsfürstenstand erhobenen Geschlechts waren die hessischen Landgrafen an uradliger Vornehmheit nicht zu übertreffen: Diese Aura zeigte sich noch Jahrhunderte später in dem hohen Ansehen, daß die inzwischen völlig verarmten Landgrafen von Hessen-Homburg unter den deutschen Fürsten genossen.

Stadtentwicklung vom 14. bis zum 16. Jahrhundert

In der Mitte des 14. Jahrhunderts hatte Homburg Stadtrecht erhalten und verwaltete sich seit dieser Zeit aufgrund einer Ratsverfassung selber. Mit dem Stadtrecht war auch die Gerichtshoheit und das Siegel- und Wappenprivileg verbunden: Eine Art Urform des heutigen Stadtwappens ist heute noch am alten Rathausturm sichtbar. Zum Stadtprivileg gehörte zudem das Befestigungsrecht, das allerdings nur für die obere Stadt galt: Hier wurde damals eine steinerne Stadtmauer erbaut, die Burg und Siedlung schützend umschloß, während Dietigheim, das »Tal«, sich mit Holzbarrikaden begnügen mußte und auch von den anderen Privilegien ausgenommen war.

Das Homburger Städtchen, das Landgraf Philipp übernommen hatte, war also zweigeteilt: In den oberen Burg- und Marktbezirk, der von einer Steinmauer umgeben war, und in das nur durch Holzpalisaden geschützte »Tal«, das einstige Dorf Dietigheim.

Philipp faßte im Jahr 1571 den weisen Entschluß, die beiden Ortsteile durch den Bau einer neuen Stadtmauer zu vereinen und legte damit eine wichtige Grundlage für die weitere Entwicklung Homburgs.

Jahrmarkt

Das Rathaus mit der Stadtpforte, das anfangs den einzigen Ein- und Ausgang zur Stadt bildete, war Anfang des 16. Jahrhunderts erbaut worden. Von dem spätmittelalterlichen Bau, der im Jahr 1820 unter Landgraf Friedrich VI. Joseph abgerissen wurde, blieben nur der Rathausturm und der Stumpfe Turm erhalten. Direkt vor dem Rathaus, auf dem Gelände der heutigen Landgraf Ludwig-Schule, lag der erste Homburger Marktplatz. Neben den Wochenmärkten gab es in Homburg seit 1611 auch Jahrmärkte mit Volksfestcharakter, zu denen Händler von weither reisten, um an verschiedenen Straßen und Plätzen eine bunte Warenfülle, Kleider und Schuhe, Töpfe, Steingut oder Körbe und anderen Hausrat feilzubieten.

Homburger Hexenwahn

Straftäter oder Menschen, die man dafür hielt, hatten es im alten Homburg leider nicht besser als anderswo: Aus dem 16. Jahrhundert ist überliefert, daß die Unglücklichen gefoltert, gerädert, verbrannt oder aufgehängt wurden. Ein des Totschlags »peinlich Angeklagter« soll im Jahre 1583 »erstlich mit Zangen ergriffen, hernach mit Schleifung auf der Gerichtsstätte und alsdann in Zerstoßung seiner Gliedmaßen von unten auf bis oben zum Tod« gequält worden sein. Zahlreiche Hexenverfolgungen fanden in Homburg vor allem im 17. Jahrhundert statt, – auch hier bildete die Stadt keine rühmliche Ausnahme. Hingerichtet wurde bis ins 18. Jahrhundert in aller Öffentlichkeit, wenn auch außerhalb der Siedlung: Die Galgen standen am Platzenberg und in Gonzenheim am heutigen Europa-Kreisel, ein weiterer befand sich vermutlich am Rabenstein, wo nach makabrer Überlieferung die Toten auf Räder gelegt und den Raben zum Fraß überlassen wurden.

Reformation

Philipp der Großmütige war ein entschiedener Anhänger der Lehre Martin Luthers und mit Kurfürst Moritz von Sachsen einer der maßgebenden politischen Köpfe der evangelischen Bewegung. Wie überall in seinem Land, führte er auch in Homburg 1526 die Reformation ein: Offensichtlich erfolgreich, denn schon bald setzten die Homburger einen Pfarrer ab, der ihnen zu wenig lutherisch war. Daß der neue Glaube auch mit Kriegsdiensten verbunden war, merkten sie zwanzig Jahre später: Als die protestantischen Fürsten gegen Kaiser Karl V. im Schmalkaldischen Krieg (1546–1547) zu Felde zogen, mußte Homburg Soldaten stellen und Heergeld zahlen. Nach der Niederlage der Protestanten wurde Landgraf Philipp entgegen dem kaiserlichen Versprechen gefangengenommen und erst im Jahr 1552 durch die von Moritz von Sachsen geleitete Fürstenverschwörung wieder befreit.

Die Landgrafschaft Hessen-Homburg entsteht

Nach Philipps Tod im Jahr 1567 wurde die Landgrafschaft unter seine vier Söhne aufgeteilt: Wilhelm erhielt Kassel, Georg Darmstadt, Ludwig Marburg und Philipp Rheinfels mit dem Amt Homburg. Als Ludwig und Philipp kinderlos starben, gingen ihre Ländereien auf ihren Bruder Georg von Hessen-Darmstadt über. Nach Georgs Tod übte sein Sohn Landgraf Ludwig die alleinige Regierung über Hessen-Darmstadt aus. Seinen jüngeren Bruder Friedrich fand er mit Homburg ab: Landgraf Friedrich I. übernahm im Jahr 1622 als erster Landesherr die nunmehr selbständige Landgrafschaft Hessen-Homburg. Der neue Landgraf wurde freilich weiterhin von seinem Bruder mit 20.000 Gulden jährlich apanagiert, und die Selbständigkeit der Homburger Territorialherrschaft war zudem in einigen Punkten eingeschränkt, was Jahrhunderte später zu großen Konflikten führen sollte: Hessen-Darmstadt behielt sich in Homburg etwa das Öffnungrecht der Tore vor, das Recht, Weinzoll zu erheben oder in Kirchen-, Schul- und Gerichtsfragen zu entscheiden.

Friedrich I. und seine Söhne

»Je veux toujours la vertu suivre« (Ich will immer der Tugend folgen) war der grammatikalisch eigenwillig formulierte Wahlspruch von Friedrich I. (1585–1638). Die Regierungszeit des ersten hessisch-homburgischen Landgrafen stand von ihrem Beginn im Jahr 1622 an unter keinem guten Stern: Auch die kleine Residenz hatte schwer unter dem Dreißigjährigen Krieg zu leiden. Durchmarschierende Soldaten verwüsteteten die Felder, stahlen das Vieh, aßen die Vorräte auf und forderten üppige Geldsummen für Einquartierungen, die Homburg an den Rand seiner Existenz brachten. Bei Friedrichs I. Tod im Jahr 1638 dauerte der Krieg immer noch an. Als im Herbst 1640 Homburg von den Kaiserlichen besetzt war, drangen schwedische Truppen unter General von Rosen über den »Schwedenpfad« in die Stadt ein. Sie besiegte die Kaiserlichen in der Burg und plünderten die ohnhin verarmte Homburger Bevölkerung in katastrophalem Ausmaß.

Die Landgrafenwitwe Margarethe Elisabeth von Leiningen-Westerburg (1604–1667) übernahm 1638 die Regentschaft für ihren Sohn Wilhelm Christoph (1625–1681). Er heiratete Sophie von Hessen-Darmstadt (1634–1663), die von ihrem Vater Georg II. mit dem Amt und Schloß Bingenheim in der Wetterau belehnt wurde: Hier fühlte sich Wilhelm Christoph offensichtlich sehr viel wohler als in Homburg, da er sich ohnehin lieber der Dichtkunst und den Wissenschaften als den landgräflichen Regierungsgeschäften widmete. Nachdem seine Söhne vor ihm gestorben waren, trat er die Landgrafschaft Hessen-Homburg 1669 gegen 120.000 Gulden an seinen jüngeren Bruder Georg Christian ab, der sie seinerseits zwei Jahre später an Hessen-Darmstadt verpfändete: Nach Georg Christians Tod im Jahr 1681 übernahm sein jüngster Bruder Friedrich die Regierung: Die Ära des Landgrafen Friedrich II., des »Prinzen von Homburg« begann.

Der Prinz von Homburg

Dichterische Freiheit

»Das Leben nennt der Derwisch eine Reise,
und eine kurze. Freilich! Von zwei Spannen
Diesseits der Erd nach zwei Spannen drunter.
Ich will auf halbem Weg mich niederlassen!
Wer heut sein Haupt noch auf den Schultern trägt,
Hängt es schon morgen zitternd auf den Leib,
Und übermorgen liegt's bei seiner Ferse.
Zwar eine Sonne, sagt man, scheint dort auch,
Und über buntre Felder noch als hier;
Ich glaub's; nur schade, daß das Auge modert,
Das diese Herrlichkeit erblicken soll.«

Marianne von Preußen war empört, als sie Heinrich von Kleists vaterländisches Schauspiel »Prinz Friedrich von Homburg« las, das ihr der Dichter voll der schönsten Hoffnungen im Sommer 1811 mit einer handschriftlichen Widmung überreichen ließ. Diese »unedle Gestalt«, überspannt und voller Todesfurcht, sollte ihr für seine Tapferkeit so berühmter Vorfahre sein? Heinrich von Kleist, der sich mit seinem Drama die Gunst des Hofes erwerben wollte, traf diese schroffe Ablehnung tief. Erst drei Jahre nach Kleists tragischem Tod am 21. November 1811 gelang es Ludwig Tieck, sich das Manuskript vom Berliner Hof zu beschaffen und es drucken zu lassen, – ohne seine Initiative wäre das bedeutendste Werk des Dichters möglicherweise verschollen. Daß der »Prinz Friedrich von Homburg« dann jahrzehntelang nicht in Berlin aufgeführt wurde, ist vermutlich dem großen Einfluß zuzuschreiben, den die hessisch-homburgische Landgrafentochter Marianne auf ihren Schwager, König Friedrich Wilhelm III. von Preußen hatte.

Es war schlimm für Kleist, daß Mariannes Homburger Patriotismus offenbar höher entwickelt war als ihr literarisches Urteilsvermögen und ihr Sinn für dichterische Freiheit. Mit dem schönen und traumverlorenen Jüngling seines Dramas hatte ihr Urahn allerdings in der Tat nicht die geringste Ähnlichkeit: Der »echte« Prinz von Homburg, der spätere Landgraf Friedrich II. mit dem silbernen Bein, das er schon damals trug, nahm an der Schlacht von Fehrbellin als kriegserfahrener Haudegen teil, war damals bereits 42 Jahre alt und von eher barockem Körperbau. In seinen »Wanderungen durch die Mark Brandenburg« stellte Fontane fest, der Kleistsche verhielte sich zum historischen Prinzen wie der Goethesche zum historischen Egmont: »Sie waren in der Zeit, wo sie hervortraten, keine Liebhaber und Leichtfüße mehr, vielmehr ernste Leute von mittleren Jahren und reichem Kindersegen, überhaupt ebenso gute Ehemänner wie Patrioten.«

Marianne kam nicht auf den Gedanken, daß es Kleist vielleicht weniger darum ging, den Helden von Fehrbellin wahrheitsgetreu zu schildern, als um eine Art Familienporträt, das den jahrhundertealten »unerklärlichen Zauber« vieler anderer Homburger Prinzen in einer einzigen Figur bündelte: Die ungewöhnliche Mischung von Kühnheit und Sensibilität muß auch ihren Brüdern, die alle sechs heldenhaft gegen Napoleon kämpften, eine ganz eigentümliche Faszination verliehen haben.

Kindheit und Jugend

Aus der frühen Jugend von Friedrich, der 1633, also mitten im Dreißigjährigen Krieg, geboren wurde und schon mit vier Jahren seinen Vater verlor, ist eine bezeichnende Anekdote überliefert, die aus den Aufzeichnungen seines Kammerdieners Johann Pocksen stammt: Als die Landgräfin um das Jahr 1645 erfuhr, daß sich Turenne mit seinen Truppen Homburg näherte, schickte sie Friedrich zu ihm, der ihn bitten sollte, auf eine Einquartierung zu verzichten. Der berühmte Feldherr war von dem etwa zwölfjährigen Prinzen so angetan, daß er ihm anbot, seine militärische Ausbildung zu übernehmen, was die Mutter allerdings verbot.

Friedrich wurde auf Wunsch seiner Mutter gemeinsam mit seinen Darmstädter Vettern in Marburg erzogen. Nach einer Kavalierstour und dem Besuch einer Genfer »Ritterakademie« kehrte der Prinz 1653 nach Homburg zurück. Um diese Zeit soll er in die »Fruchttragende Gesellschaft des Palmenordens« eingetreten sein, eine fürstliche Sprachakademie, die sich für Toleranz und die Verbreitung neuer philosphischer Erkenntnisse einsetzte. Die Mitglieder bekamen einen grotesken Namen und einen ernster gemeinten Wahlspruch: Friedrich wurde »der Klebrichte« genannt und sein Ordensmotto lautete: »Halt an dich.«

Als jüngster von drei Brüdern mußte er sein berufliches Glück in der Fremde suchen. Er trat in schwedische Dienste ein und wurde mit 21 Jahren Oberst eines von ihm angeworbenen Reiterregiments in der Armee von König Karl X. Gustav. Seine militärische Karriere entwickelte sich zügig, wurde aber jäh unterbrochen, als ihm beim Angriff auf Kopenhagen im Winter 1659 drei Pferde unter dem Leib weggeschossen wurden und eine der Kanonenkugeln sein rechtes Bein abriß. Auf dem Eis liegend, schnitt er sich eigenhändig die Sehnen durch. Mit 26 Jahren war er Generalmajor und Kriegsversehrter, dessen Zukunft aussichtslos schien. Von den verschiedenen Prothesen, die er trug, gilt das vom Homburger Hofbaumeister Paul Andrich 1674 gefertigte »silberne Bein« auch nach heutigen Kriterien als geniale Konstruktion.

Die reiche Gräfin aus Schweden

»Eine Blume aller im Königreich Schweden lebenden Damen« wurde Gräfin Margarethe Brahe (1603–1669), zweimal verwitwete Oxenstierna genannt: Ob mit diesem Attribut ihre Schönheit oder ihr fabelhafter Reichtum gemeint war? Als Friedrich 1661 im Alter von 28 Jahren die 30 Jahre ältere kinderlose Gräfin in Stockholm heiratete, bedeutete dies jedenfalls für ihn die Erlösung aus einer finanziellen Zwangslage, denn zu seiner großen Verbitterung bekam er von den Schweden keinerlei Pension. Die achtjährige Ehe scheint durchaus glücklich gewesen zu sein. Das ungleiche Paar lebte abwechselnd auf den Gütern Weferlingen, Hötensleben, Winningen und Neustadt an der Dosse, die Friedrich mit dem Geld seiner Frau im Brandenburgischen erwarb. Neustadt wurde durch den Prinzen, der sich hier um die Verbesserung der Landwirtschaft bemühte, Gewerbebetriebe und neue Bewohner ansiedelte, zu einer blühenden Kleinstadt – und gleichsam zum Experimentierfeld seiner späteren Homburger Aktivitäten. Daß Margarethe ihren jugendlichen Ehemann zumindestens sehr geschätzt hat, wurde nach ihrem Tod im Jahr 1669 offenbar: Der Prinz erbte fast ihr ganzes Vermögen, das später zur hochwillkommenen finanziellen Basis seiner umfassenden Homburger Entwicklungspolitik und der noch heute sichtbaren landgräflichen Baufreude wurde.

Held von Fehrbellin

Eine neue Zeit begann in Friedrichs Leben: Im Oktober 1670 heiratete er seine zweite Frau Louise von Kurland (1646–1690) und trat ihretwegen zum reformierten Glauben über. Die Ehe wurde sehr glücklich, das Paar »erzielte«, wie es nach damaligem Sprachgebrauch hieß, dreizehn Kinder, von denen vier im Säuglingsalter starben. Louise war eine Nichte des Großen Kurfürsten, der den neuen Neffen wieder für den militärischen Dienst gewann. Im brandenburgischen Heer nahm der Prinz von Homburg als General der Kavallerie an verschiedenen Feldzügen teil. Die Schlacht von Fehrbellin am 18. Juni 1675, die den Aufstieg des Hauses Brandenburg begründete, wurde zur Sternstunde seines Lebens. In einem Brief an seine Frau schilderte er die Kampfhandlungen.

»Meine Engels Dicke,
wir seint braff auff der jacht mit den Herren Schweden, sie seint hier beim passe nauem diesen Morgen übergegangen, musten aber bey 200 todten zurücke lassen von der arrierguarde,jenseiths haben wir Fer-Bellin alle brücken abgebrant, und alle übriche paesse so betztet, das sie nun nicht auf dem lande wider können, sobald unsere infanteri kombt, soll ob Gott wolle die gantze armade dran, der feltherr war mit 3000 Mann in Havelberg, wolte die brücke über die Elbe machen lassen, aber nun ist er von der armada abgeschnittene, und gehet über Hals und Kopf über Rupin nach Pommern, sein bruder commandiret dies 12000 man, wo keine sonderbar straff Gottes über uns kombt, so (soll) keiner davon kommen, wir haben dem feindt schon über 600 todtgemacht, und über 600 gefangen, heut hat Henning wolh 150 pferth geschlagen, und gehet alleweil Luttique (Generlamajor von Lüdicke) mit 1500 Mann dem feindt in ricken, morgen frihe werden sie ihnen den morgensegen singen wir haben noch keine 60

Mann verloren, und unsere leite fechten als lewen..... adieu mein engel, dein trewer Mann und diner sterb ich, Friedrich L. z. Hessen«

Sonnenkönig von Hessen-Homburg

Drei Jahre später schied er aus dem Militärdienst aus und kehrte nach Homburg zurück. Nach dem Tod seiner älteren Brüder, die beide wenig Interesse an dem Fürstentum gezeigt hatten, übernahm er 1680 als Landgraf Friedrich II. die Regierung. Kein anderer Landesherr hat die Entwicklung des Miniaturstaats, der eine Fläche von knapp 60 Quadratkilometern umfaßte und nur aus einer winzigen Stadt nebst ein paar ärmlichen Dörfern bestand, so entscheidend gefördert wie er: In den dreißig Jahren seiner Amtszeit erlebte Hessen-Homburg eine erstaunliche Verwandlung. Als absolutistischer Herrscher regierte Friedrich II. naturgemäß über die Köpfe der Bevölkerung hinweg. Seine Bemühungen, die wirtschafliche Lage im Land zu verbessern, wurden aber von seinen Untertanen anerkannt, wenn seine unverhohlene Machtausübung in späteren Jahren auch zu einigen Mißstimmigkeiten führte.

Das Landgrafenschloß

Friedrich II. teilte die Baufreude seiner fürstlichen Zeitgenossen. Mit dem Schloß fing er an: Die alte Burg wurde 1680 bis auf den Weißen Turm abgerissen, um dem Neubau zu weichen. Paul Andrich, der sich auf seinen brandenburgischen Gütern als Baumeister bewährt hatte, errichtete in den folgenden Jahren einen schlichten, fast nüchternen, wenn auch in den Dimensionen gewaltigen Barockbau mit zwei großen Innenhöfen, der im äußeren Bild – bis auf den Königsflügel – erhalten blieb. Für die lutheranische Gemeinde ließ der Fürst als Ersatz für ihr altes Gotteshaus, das dem Schloßbau weichen mußte, die Schloßkirche erbauen, die vollständig in den nordöstlichen Flügel des Landgrafenschlosses integriert wurde: Daß ihr sakraler Charakter von außen kaum erkennbar ist, mag mit der reformierten Konfession des Landgrafen zusammenhängen, der in seiner Residenz möglicherweise keine allzu repräsentative Architektur für das andere Glaubensbekenntnis wünschte.

Fürstliche Repräsentationslust manifestierte sich vor allem in dem prunktvollen, auf zwei gedrehten Bernini-Säulen ruhenden Portal im oberen Schloßhof, das Zacharias Juncker aus der Miltenberger Bildhauerfamilie mit fast überbordender Phantasie um 1680 schuf: Auf dem Architrav ruhen die Kriegsgötter Mars und Minerva, und aus einer Nische der trophäengeschmückten Bekrönung sprengt frontal Friedrich II. in voller Rüstung hoch zu Roß in die Luft hinaus – ein ungewöhnlicher, geradezu manieristischer Effekt. Auch das gegenüberliegende Portal am Archivbau im Südflügel des Schlosses wurde in barocker Pracht gestaltet. Hier stand ursprünglich die von Andreas Schlüter geschaffene Bronzebüste des Landgrafen, die 1704 von dem Homburger Johann Jacobi gegossen wurde und die heute im Schoßinneren zu sehen ist. Auf dem zur heutigen Dorotheenstraße gelegenen Areal ließ der Landgraf einen streng symmetrischen Lustgarten nach den damals auch in Deutschland immer beliebteren französischen Vorbildern anlegen, der in seinen Grundformen noch erkennbar ist. Zu jener Zeit, die vom Ideal der »Egalité« noch Lichtjahre entfernt schien, nahm das Schloß, das als »fürstliches Stammhaus« den Namen »Friedrichsburg« erhielt, nahezu ein Drittel der Gesamtfläche der Stadt ein.

Glas, Salz, Gold: Friedrich II. als Unternehmer

Der Merkantilismus hatte als staatlich gelenkte und staatlichen Interessen dienende Wirtschaftsform, bei der also der Staat zugleich Subjekt und Objekt aller ökonomischen Maßnahmen war, im 17. Jahrhundert viele Anhänger unter den absolutistischen Herrschern, darunter auch den Großen Kurfürsten. Wohl von ihm angeregt, entwickelte Friedrich II. ein umfassendes wirtschaftspolitisches Programm. Die landwirtschaftliche Produktion, die unter dem Dreißigjährigen Krieg schwer gelitten hatte, zu steigern, gelang relativ schnell, der Weiterverarbeitung dienten Backhaus, Brauerei und Brennerei, die Paul Andrich errichtete.

Landgraf Friedrich II., Bronzebüste von Andreas Schlüter

Kein dauerhafter Erfolg war den größeren landgräflichen Unternehmen beschieden. Der Fürst, der schon während seines brandenburgischen Junkerdaseins eine Glashütte und eine Spiegelfabrik gegründet hatte, ließ nun auch in Homburg von Paul Andrich eine Glashütte errichten, die schon bald florierte, aber nach wenigen Jahren in das landgräfliche Amt Neustadt an der Dosse verlegt wurde.

Die Glasmacherei, besonders die Herstellung künstlicher Edelsteine, überhaupt das ganze weite Feld von Chemie und Alchimie, das sich damals mit der hoffnungsvollen Utopie verband, eines nicht mehr fernen Tages Gold produzieren zu können, faszinierte den Landgrafen außerordentlich. Friedrich II., der selber gern experimentierte und ein eigenes Laboratorium, sogar ein kleines Reiselaboratorium besaß, teilte diese Leidenschaft mit seinem wichtigsten Ratgeber: Paul Andrich muß ein faszinierender Mann von universalen Talenten und Fähigkeiten gewesen sein. Er war Architekt, »Chymikus« und Goldmacher, Berg- und Salinenmeister, Ingenieur, Unternehmensleiter und Prothesenbauer, eine für das 17. Jahrhundert bezeichnende Vielfalt.

Die Salzgewinnung wurde zum zweiten Objekt der wirtschaftlichen Interessen von Friedrich II. Auf die Idee, den »Salzgrund« zu nutzen, waren wohl schon die alten Römer gekommen, und vor nicht allzu langer Zeit auch sein Bruder Wilhelm Christoph, der das Projekt aber wegen zu hoher Kosten aufgeben mußte.

Auch hier war Paul Andrich die treibende Kraft. Er ließ drei Quellen im Salzgrund fassen, die im 19. Jahrhundert wiederentdeckt wurden und dann als Elisabeth-, Ludwigs- und Kaiserbrunnen Karriere machten. Ein weitverzweigtes Salinensystem und ein raffiniertes mechanisches Pumpwerk entstanden nach seinen Plänen. Bald war das Homburger Salz das beste und teuerste weit und breit, und als typisch merkantilistische Maßnahme erließ der Landgraf ein Einfuhrverbot für »ausländisches«, also etwa Nauheimer Salz. Die Saline scheint dem Fürsten Gewinn gebracht zu haben, seinen Untertanen bot sie allerdings nur ein paar schlecht bezahlte Arbeitsplätze. Als Andrich 1695 Homburg verließ, geriet das Salzwerk in finanzielle Schwierigkeiten und und wurde im 18. Jahrhundert abgebaut.

Hugenotten-Ansiedlung

»Lieber will ich mein Silbergerät verkaufen, als diese Leute ohne Unterstützung zu lassen!« soll Friedrich II. gesagt haben. Seine christliche Haltung gegenüber den französischen Protestanten, die nach der Aufhebung des Edikts von Nantes im Jahre 1685 zu Tausenden in die protestantischen Gebiete Deutschlands flohen, traf sich hervorragend mit seiner erklärten Absicht, durch die Ansiedlung neuer Bewohner die Wirtschaft seines Landes anzukurbeln. Der Dreißgjährige Krieg hatte auch in der Landgrafschaft Hessen-Homburg zahlreiche Menschenleben gefordert: In Oberstedten war in dieser Zeit die Zahl der Hauseigentümer von 72 auf 16 gesunken.

Die Hugenotten mit ihrer reformiert-calvinistischen Religion und ihrem daraus resultierenden puritanischen Fleiß waren ihm hochwillkommen, zumal sie als qualifizierte Handwerker neue Gewerbezweige in der Landgrafschaft einzuführen versprachen: In seinen Edikten, die er in Frankfurt, dem süddeutschen Sammelplatz der »Réfugiés«, verteilen ließ, sicherte er ihnen zahlreiche Privilegien zu, von der absoluten Glaubensfreiheit über Steuervorteile bis zum kostenlosen Bauplatz. Von 1686 an siedelten sich Strumpfwirker, Hutmacher, Wollspinner, Flachshändler oder Weber, die sich auf die Fertigung von Flanell oder »Kannefass« (canvas) verstanden, in Homburg und der neugegründeten Hugenottensiedlung Friedrichsdorf an. Für die später aus Piemont einwandernden Waldenser ließ der Landgraf das verödete Dorf Dornholzhausen wiederaufbauen und errichtete dort 1701 eine Kirche, die zwei Jahrzehnte später der noch heute bestehenden wich.

Die 1686 gegründete französisch-reformierte Homburger Gemeinde der Hugenotten konnte ihre Gottesdienste im Wechsel mit ihren deutschen Glaubensbrüdern in der kurz zuvor geweihten Hofkapelle abhalten.

Stadtplanung im Barock

»Ein regulärer, neuangelegter, angenehmer Ort...« urteilte Lavater im Jahr 1774: Unter der Regierung von Landgraf Friedrich II. entwickelte sich Homburg vom Dorf zur planvoll gestalteten Residenzstadt. Paul Andrich, der als Multitalent offensichtlich auch ein hervorragender Stadtplaner war, entwarf einen erweiterungsfähigen Grundriß von streng barocker Regelmäßigkeit: Vom neuen Tor aus, das am Schulberg in der alten Stadtmauer entstand, wurde die Louisenstraße als schnurgerade Hauptachse mit mehrerern Querstraßen wie Löwengasse, Judengasse (heute Wallstraße) oder Haingasse errichtet. Ebenso systematisch war die Bebauung geregelt, was zu einem einheitlichen und großzügig wirkenden Stadtbild führte. Wie gut diese Idee war, sieht man in der von seinem Nachfolger Friedrich III. Jacob nach Andrichs Plänen um 1710 angelegten Dorotheenstraße: Sie hat mit ihren schlichten, symmetrischen Barockhäusern, die ursprünglich alle das vorgeschriebene dekorative Mansarddach trugen, ihren historischen Charakter noch weitgehend bewahrt. In dieser direkt zum Schloß führenden Straße wohnten bis 1866 vor allem hohe landgräfliche Beamten. Hier waren die Häuser auch deutlich teurer als in der Louisenstraße, wo sich, wie es auch von Anfang an geplant war, viele französiche Neusiedler mit ihren Gewerbebetrieben niederließen.

Die späten Jahre

Nachdem Landgräfin Louise, seine geliebte Engelsdicke, 1690 gestorben war, heiratete Friedrich ein Jahr später in dritter Ehe die Gräfin Sybille von Leiningen-Westerburg und bekam von ihr zwei weitere Kinder.

Landgraf Friedrich II. mit dem silbernen Bein starb am 24. Januar 1708 im Alter von fast 75 Jahren und wurde in der 1695 erbauten Landgrafengruft beigesetzt. Bei seinem Tod lebten noch sieben seiner Kinder. Auf dem Sterbebett beschwor er seine Erben, »...daß vor allen Dingen die Schulden (die vor allem durch den Bau des Schlosses entstanden waren) abgeführt und von solcher

Last Unser Fürstliches Haus wieder möge befreit werden.« Bei den Beisetzungsfeierlickeiten erklang eine herzergreifende Trauer–Aria, in der ein anonymer Dichter die Trauer der Bevölkerung in unfreiwillig komischer Poesie zum Ausdruck brachte:

»Laßet tausend Thränen rinnen
unser Landesfürst ist todt
Ach, was sollen wir beginnen
bey so allgemeiner Not?
Das in Leid versetzte Hessen
Kann den Friedrich nicht vergessen.«

Landgraf Friedrich III. Jacob

Die Landgrafensöhne, ob notgedrungen oder nicht, hatten immer den Drang in die Ferne: Friedrich Jacob (1673–1746), der älteste Sohn von Friedrich II., der am Brandenburger Hof bei der Familie seiner Mutter erzogen wurde, trat mit 15 Jahren als Rittmeister in die Niederländische Armee ein und zeichnete sich bei den Feldzügen gegen Ludwig XIV. aus. Auch seine Brüder Carl Christian, Philipp und Casimir Wilhelm fielen schon als junge Regimentsführer durch ihre heldenhafte Tapferkeit auf. An einen zivilen Meisterschuß Casimirs erinnern die sogenannten Hasensteine im Kurpark.

Gouverneur niederländischer Provinzen

Friedrich Jacob heiratete im Jahr 1700 Elisabeth Dorothea von Hessen-Darmstadt (1676–1721), die spätere Namenspatronin der Dorotheenstraße. Sie war eine hochgebildete Frau, dichtete, beherrschte mehrere Sprachen, übersetzte und sammelte Bücher. Sie bekam neun Kinder, von den fünf Söhnen überlebten nur Ludwig Gruno (1705–1745) und Carl (1706–1728) das frühe Kindesalter.

Auch nachdem er 1708 seinem Vater als Landgraf gefolgt war, blieb Friedrich III. Jacob als Gouverneur mehrerer Provinzen in den Niederlanden; der Provinz Groningen verdankte Ludwig

Der Königsflügel des Schlosses und die »Neustadt«

Gruno seinen ungewöhnlichen zweiten Namen. Die Freundschaft des Landgrafen mit dem jungen Zaren Peter dem Großen, der sich in Amsterdam als Zimmermann im Schiffsbau ausbilden ließ und damit den Stoff für ein späteres Opernlibretto lieferte, sollte sich als folgenreich erweisen: Der Zar bot damals dem Landgrafen das Oberkommando über sein Heer an. Friedrich Jacob lehnte dieses ehrenvolle Amt dankend ab, versprach aber, seine damals elf und zwölf Jahre alten Söhne eines Tages nach Rußland zu schicken.

Das Armen- und Waisenhaus

Wenn auch der Landgraf während seiner Regierungszeit nur relativ selten in Homburg war, so hat er hier doch segensreiche Spuren hinterlassen. Er war ein frommer Mann und vermutlich auch durch den Einfluß seiner Frau Elisabeth Dorothea zu einem entschiedenden Anhänger des Pietismus geworden: Das Gebot tätiger christlicher Nächstenliebe, ein Wesenselement dieser religiösen Bewegung, hatte zur Gründung des Waisenhauses der Franckeschen Stiftungen in Halle geführt. Nach diesem Vorbild setzte sich Friedrich II. Jacob seit 1715 für den Bau eines Armen- und Waisenhauses in seiner Residenzstadt ein. Angesicht der ständigen Ebbe in der landgräflichen Kasse bat er seine Untertanen um Mithilfe. Aber die Homburger, die jeder Neuerung ziemlich mißtrauisch gegenüber standen, hielten sich mit Spenden zurück, und so dauerte es 27 Jahre, bis sein Vorhaben verwirklicht werden konnte. Als das Armen- und Waisenhaus, das zum Teil bis heute erhalten blieb, am 28. März 1742 endlich eröffnet werden konnte, hatte sich die Haltung der Homburger erfreulich gewandelt, was sich im Klingelbeutel beim Einweihungs-Gottesdienst deutlich zeigte.

Gotteshaus, Spiegelkabinett und Apotheken

Für die französisch-reformierte Gemeinde, die sich dringend ein größeres Gotteshaus wünschte, ließ Friedrich III. Jacob im Jahr 1723 die Jacobskirche in der von ihm angelegten Dorotheenstraße bauen. Das calvinistisch schlichte Gebäude dient heute – ganz unsakral – als Turnhalle. Aus der Zeit dieses Landgrafen stammt auch das Spiegelkabinett im Schloß, das vermutlich ein Geschenk der Homburger Schreinerzunft anläßlich seiner zweiten Vermählung war: 1728, sieben Jahre nach dem Tod seiner ersten Frau Elisabeth Dorothea heiratete Friedrich III. Jacob die verwitwete Gräfin Christine-Charlotte zu Nassau-Ottweiler. Diese Ehe blieb kinderlos.

Quacksalberei und die schon damals beliebten Hobby-Heilmethoden zu unterbinden, war das Ziel Friedrich II. gewesen, als er 1684 als erste Homburger Apotheke die heute noch bestehende »Engel-Apotheke« konzessionierte. Unter der Regierung seines Sohnes wurde die »Schwanen-Apotheke« in der Dorotheenstraße eröffnet. Zudem erließ der Landgraf strenge sozialhygienische Vorschriften, die das Ausbrechen der Pest im Fürstentum verhindern sollten.

Prinzenerziehung

Wie sorgfältig und bewußt das landgräfliche Ehepaar die Erziehung ihrer Söhne Ludwig Gruno und Carl plante, wird in dem Nachruf eines Hofmeisters auf den früh verstorbenen Prinzen Carl deutlich: »An Seiner Standesmäßigen Auferziehung versäumeten die Hoch-Fürstl. Eltern nichts, was zur Formierung eines würdigen Sohnes vonnöthen, wohl erwegende, daß Fürstenkinder gleich denen Diamanten zu poliren... Die europäischen vier Haupt-Sprachen, sammt anderen einem Fürsten anständigen Wissenschaften, erlernte Er nicht allein zu Hause, sondern er wurde auch in seinem 16. Jahre, unter guter Ihm mitgegebener Aufsicht, auf die berühmte hessische Academie nach Gießen verschickt. Die auserlesensten Männer allda eiferten miteinander, wer die Ehre davontragen könnte, unseren lernbegierigen Prinzen zum Besten unterrichtet zu haben...«

Studium generale in Gießen

Das Studium der Prinzen, das Notker Hammerstein in seinem 1983 veröffentlichten Aufsatz »Fürstenerziehung der frühen Neuzeit am Beispiel Hessen-Homburg« beschreibt, verlief nach einem genauen Plan, der Vorbereitung und Nachbereitung einschloß. Die Prinzen beschäftigten sich mit Lektüre und Sprachübungen, mit Mathematik und Physik, Reichs-Historie, Jura, Staatenkunde, und »Politic«, einer Art Ethik, die in französischer Sprache unterrichtet wurde. Sie lernten Reiten, Fechten und Tanzen und wurden von ihrem Erzieher dazu angehalten, die Bibliothek zu nutzen: Mit Erfolg, denn beide Brüder hatten zeitlebens ein enges Verhältnis zur gelehrten und schönen Literatur, und Gruno soll eine besondere Neigung zur spätbarocken Dichtkunst von Barthold Heinrich Brockes gezeigt haben. Das umfangreiche und vielseitige Studienprogramm, das den begabten jungen Prinzen offenbar großen Spaß machte, diente allein ihrer Persönlichkeitsbildung, denn beide waren traditionsgesmäß für eine militärische Laufbahn vorgesehen: Umso bemerkenswerter, daß die landgräflichen Eltern Ludwig Gruno und Carl diesen kostspieligen Aufenthalt an der Gießener Universität ermöglichten, da das Geld am Homburger Hof – ebenso traditionsgemäß – immer knapp war.

Karriere in Rußland

Als die Brüder noch in Gießen studierten, erreichte sie ein Brief des Zaren, der an die in Amsterdam getroffene Vereinbarung erinnerte: Ludwig Gruno und sein jüngerer Bruder Carl begaben sich im Jahr 1723 mit ihrem Erzieher auf die fast dreimonatige Reise nach Sankt Petersburg. Wie vorgesehen traten sie gleich in die russische Armee ein, und noch im selben Jahr wurde Gruno zum Oberst und Carl zum »capitain« ernannt. In erster Linie scheinen sich die beiden jungen Homburger Prinzen damals aber auf den Bällen und Maskeraden in der eleganten russischen Hauptstadt amüsiert zu haben: Sie lebten weit über ihre Verhältnisse, ließen sich »neue Kleider machen, etliche mit silbernen und goldenen Knopflöchern«, weil sie sich mit den alten Kleidern nicht sehen lassen könnten. »Vor dem Schuldenmachen habe ich euch doch so treu väterlich ermahnt. Ihr wisst, daß ich euch mit nichts helfen kann«, schrieb der Vater entsetzt nach Sankt Petersburg.

Die schöne Anastasia

Carl starb im Jahr 1728 in Livland an den Pocken und wurde mit fürstlichen Ehren im Dom zu Riga beigesetzt. Gruno stieg in den folgenden Jahren zum Generalfeldmarschall der russischen Armee und damit zum mächtigsten Mann in Rußland auf. Seine am Zarenhof des Spätbarock sehr beliebten Feuerwerkskünste brachten ihm zudem schon früh den Titel eines »Inspekteurs der Artillerie und Feuerwerker« ein. Der Homburger Erbprinz verdankte seine glänzende Karriere wohl nicht zuletzt der Verbindung mit der schönen, gebildeten und reichen Prinzessin Anastasia Trubetzkoja, die mit dem Zarenhaus verwandt war. Auf die Hochzeit, die 1738 in Sankt Petersburg gefeiert wurde, mußte das Paar allerdings mehr als sieben Jahre warten: Zarin Anna verweigerte lange ihre Zustimmung, auch der Landgraf war zunächst gegen diese Ehe, weil er fürchtete, »...daß die Reinheit des illustren Blutes, von dem das Haus abstammte und ohne Befleckung erhalten hatte, nun geschädigt würde.« Das erwies sich leider als überflüssige Sorge, denn die Ehe blieb kinderlos.

Das Ende von Erbprinz Gruno

Nach mehr als zwanzig Jahren Militärdienst in oft unwirtlichen Kriegsgebieten litt Gruno an Gelenkrheumatismus. In der Hoffnung, daß ihm die berühmten heißen Quellen von Montpellier Linderung bringen würden, brach er im August 1745 von Sankt Petersburg auf den damals fast unvorstellbar weiten Weg nach Südfankreich auf. Um dem schwerkranken Feldmarschall die monatelange anstrengende Reise etwas zu erleichtern, stellte ihm Zarin Elisabeth die Sänfte ihres Vaters, Peter des Großen, zur Verfügung, die von acht Männern getragen wurde. Aber Gruno erreichte sein Ziel nicht: Im Oktober 1745 starb er auf einer Zwischenstation in Berlin. Mit dem Erbprinzen war nun das letzte der neun Kinder von Friedrich III. Jacob gestorben, der diesen Schicksalsschlag nur um wenige Monate überlebte.

Landgraf Friedrich IV. Karl

Im Jahr 1746 ging die Landgrafschaft auf den Sohn seines Bruders Casimir Wilhelm über. Landgraf Friedrich IV. Karl (1724–1751) war mit 17 Jahren in die preußische Armee eingetreten, hatte unter Friedrich dem Großen in den beiden ersten Schlesischen Kriegen (1741/42 und 1744/45) gekämpft und danach wegen einer Krankheit seinen Abschied genommen. Im Jahr darauf fand seine Hochzeit mit der sechzehnjährigen Prinzessin Ulrike zu Solms-Braunfels statt; 1748 kam der Sohn Friedrich Luwig zur Welt.

Streit mit Hessen-Darmstadt

In den fünf Jahren seiner Regierung flammten die alten Streitigkeiten zwischen den landgräflichen Häusern Hessen-Darmstadt und Hessen-Homburg erneut auf. Immer wieder versuchte das mächtigere Darmstadt sich die Angelegenheiten des von ihm apanagierten Homburg einzumischen und dessen Rechte zu beschneiden, – offenbar mit dem Ziel, sich die kleinere Landgrafschaft endgültig einzuverleiben. 1747 marschierten sogar Darmstädter Truppen in Homburg ein, um den – sinnlosen – Vorwürfen, der neue Landgraf sei noch nicht volljährig, mit Waffengewalt Nachdruck zu verleihen. In diesem Konflikt wurde der landgräfliche Staatsrat Friedrich Carl Casimir von Creuz zum wichtigsten Berater von Friedrich IV. Karl und Ulrike, die nach dem frühen Tod ihres Mannes 1751 die vormundschaftliche Regierung für ihren Sohn übernahm. Um weitere Darmstädter Angriffe auf die Landeshoheit Homburgs zu verhindern und die Zahlung der längst überfälligen Apanagegelder einzufordern, wandte sich Creuz direkt an den Kaiser. Der gab ihm zwar recht, was den Landgrafen von Hessen-Darmstadt aber keineswegs daran hinderte, Creuz für anderthalb Jahre ins Gefängnis zu bringen und ihn erst auf kaiserlichen Befehl wieder freizulassen. Die Feindseligkeiten zwischen den beiden Landgrafschaften sollten erst in der nächsten Generation ein Ende finden.

Ein Schöngeist als Landgraf: Friedrich V. Ludwig

Jugendjahre

»Man denkt, man schreibt, man liest, man ruht auf grünem Moose...« Der empfindsame Schöngeist Friedrich V. Ludwig (1748–1820) war mit seinen ausgeprägten literarischen und religiösen Neigungen einer der ungewöhnlichsten und sympathischsten Fürsten seiner Epoche. Er sei eine »gute Pflanze« in einem zu »engen Kübel« schrieb J. H. Merck 1782 an Herzog Carl August von Weimar, beeindruckt vom Kontrast zwischen den weiten Interessen des Landgrafen und seiner entsagungsvollen Aufgabe, einen unbedeutenden und völlig verarmten Zwergstaat zu regieren: In einer anderen Lebenssituation hätten ihn seine geistigen Fähigkeiten wohl für eine wissenschaftliche Karriere prädestiniert, – so konnte er sie nur im Stillen entfalten. Aber diesem Landesherrn war es schließlich mit zu verdanken, daß der Name Homburg eine leuchtende Spur in der deutschen Geistesgeschichte hinterlassen hat.

Friedrich Ludwig war drei Jahre alt, als sein Vater, Landgraf Friedrich IV. Karl 1751 starb. Die neunzehnjährige Landgrafenwitwe vertraute die Erziehung ihres Sohnes dem erfahrenen und hochgebildeten Prinzenerzieher Alexander von Sinclair an, der mit einem umfassenden christlich-humanistischen Unterrichtsprogramm den Charakter des späteren Landgrafen wesentlich prägte. Für Friedrich Ludwigs Lebensschicksal wurde freilich sein Sprachfehler bestimmend: Da er unheilbar stotterte, blieb ihm eine militärische Laufbahn nach der Tradition seiner Vorväter und somit jegliche Rolle außerhalb der engen Homburger Grenzen verschlossen. Durch dieses Handikap war er auch im persönlichen Gespräch unsicher und gehemmt: »...comme j'ai le malheur de bégayer quelquefois, je ne parle que lorsque je me crois sûr de mon fait« schrieb er über sich selbst. (...da ich das Unglück habe, manchmal zu stottern, rede ich nur, wenn ich meiner Sache sicher bin). So teilte der Landgraf seiner Umwelt am liebsten schriftlich

Schloßpark

mit, was ihn bewegte, schrieb französische oder deutsche Gedichte und Reiseberichte, verfaßte zudem eine Fülle von religiösen, historischen oder politischen Abhandlungen.

Zu Pferd in die Weite

Der Homburger Enge entfloh Friedrich Ludwig häufig: Auf seinem Lieblingspferd Madjar machte er sich am liebsten alleine und nur von einem Reitknecht begleitet auf den Weg, nach Thüringen, Berlin und Niedersachsen, wo er seine Ämter Öbisfelden und Winningen aufsuchte, oder in die Schweiz. Aus Berlin ritt er im Herbst 1788 tiefenttäuscht zurück nach Homburg. Sein Schwager, Friedrich Wilhelm II., den er um eine Anleihe für sein kleines Land bitten wollte, hatte sich verleugnen lassen, – er war selber in großen finanziellen Nöten. Schlechten Gewissens schickte der Preußenkönig dem Landgrafen einen Eilboten hinterher, der ihm den Schwarzen Adler-Orden am orangegelben Band mit einem Entschuldigungsbrief Friedrich Wilhelms überbrachte. Ironisch vermerkte Friedrich Ludwig in seinem Reisetagebuch, er sei mit den glänzendsten Hoffnungen aufgebrochen und kehre »mit einem breiten gelben Halfter, mit schönen und Worten und einer leeren Geldbörse, die weiter wartet«, wieder heim.

Seine Reisen unternahm er oft auch in dem Wunsch, die Bekanntschaft der Geistesgrößen jener Epoche zu machen. Es gelang ihm nicht selten: Auf einem Ritt in die Schweiz wurde er von Voltaire in Schloß Verney am Genfer See empfangen – zu einem Schachspiel, bei dem sich der Landgraf mit Grandezza schlagen ließ. Viele Begegnungen blieben eher flüchtig, ein lebenslanger intensiver Gedankenaustausch entwickelte sich mit Lavater und Klopstock.

Freundschaft mit Lavater

»Seit ich Ihre Predigten kenne, bin ich ein wenig verdorben«, schrieb der Landgraf 1775 an den Schweizer Theologen und Physiognomen, den er ein Jahr zuvor kennengelernt hatte. Die undogmatische Frömmigkeit von Johann Kaspar Lavater (1741–1801), auch dessen rationale Apologie des christlichen Glaubens und der biblischen Offenbarungen standen seinen eigenen religiösen Vorstellungen überaus nahe: Es kam zu einer regen Korrespondenz und wechselseitigen Besuchen, und aus der Geistesverwandtschaft wurde bald eine enge Freundschaft. Wie der extrem zurückhaltende Fürst die überschwenglichen Töne der Lavaterschen Briefe an seinen »herzlichst geliebten Landgrafen« fand, wissen wir nicht. Aber Friedrich Ludwig hat den viel kritisierten und von Herder als »lieben Gottesschwätzer« verachteten Züricher Theologen energisch in Schutz genommen: Anonym veröffentlichte er – sein einziges gedrucktes Werk – eine scharfe Antwort auf ein Pamphlet von Mirabeau, der Lavater als Betrüger attackierte.

Die Beziehung zu Klopstock

Friedrich Gottfried Klopstock (1724–1803), den er 1774 zum ersten Mal traf, wurde vom Landgrafen vor allem als der Dichter des »Messias« verehrt, jenes hymnischen Epos', in dem sich der Ausdruck religiöser Gefühle zu inbrünstiger Erhabenheit steigert. Er sah »den Homer und den Nestor unserer Poesie« als den wahren patriotischen Dichter der Deutschen an: Den Begriff des Patriotischen verstand Friedrich Ludwig damals allerdings eher in kulturellem als nationalem Sinne. Von 1782 an drehte es sich in der Korrespondenz zwischen den beiden immer wieder um den enthusiastisch verfolgten Plan, Hermann dem Cherusker mit einem vaterländischen Denkmal auf dem Winfelde bei Detmold zu ehren, – eine Idee, die schließlich erst hundert Jahre später in einer politisch völlig anderen Situation durch das Hermannsdenkmal im Teutoburger Wald realisiert werden sollte. Der Landgraf dachte seinerzeit sogar daran, eine Ehrenpforte für Hermann und einen Tempel zur Erinnerung an berühmte Deutsche im Homburger »Großen Tannenwald« zu errichten. Beide Projekte sollten am Ende scheitern, kamen in den Briefen aber immer wieder zur Sprache, auch nach der kurzfristigen Abkühlung des freundschaftlichen Verhältnisses, die durch Klopstocks

Begeisterung für die Französische Revolution eingetreten war. Als Klopstock und Lavater innerhalb von zwei Jahren starben, hinterließ dieser Verlust seiner beiden engsten Geistesfreunde im Leben des Landgrafen eine Lücke, die sich nicht wieder geschlossen hat.

Landgräfin Caroline

Ob das zurückgezogene, kontemplative Leben, das Friedrich Ludwig in Homburg führte, auch dem Wesen seiner Frau entsprach? Caroline von Hessen-Darmstadt (1746–1821), schön, tatkräftig und nicht ohne Ehrgeiz, die Friedrich Ludwig als Zwanzigjähriger ehelichte, war eine Tochter der »Großen Landgräfin«, die Mitte des 18. Jahrhunderts Darmstadt zu einem kulturellen Zentrum gemacht hatte. In einem repräsentationsfreudigen Fürstenhaus aufgewachsen, hatte Caroline zeitlebens einige Mühe, sich mit dem ärmlichen Dasein am Homburger Hof abzufinden, das Goethe ziemlich drastisch kommentiert: »So ziehen wir an den Höfen herum, frieren und langweilen uns, essen schlecht und trinken noch schlechter« schrieb er 1780 an Frau von Stein, als er hier mit Herzog Carl August von Weimar Station machte: »Hier jammern einen die Leute, sie fühlen, wie es bei ihnen aussieht, und ein Fremder macht ihnen bang...« Zur Unzufriedenheit der Landgräfin mag es auch beigetragen haben, daß ihre beiden Schwestern sehr viel glänzendere Partien machten: Friederike war mit König Friedrich Wilhelm II. von Preußen, Amalie mit Großfürst Paul von Rußland verheiratet. Die Verbindung von Friedrich Ludwig und Caroline kam aus politischen Gründen zustande: Nach jahrelangen Streitigkeiten zwischen den Häusern Hessen-Darmstadt und Hessen-Homburg wurde mit dieser Vermählung ein Haus- und Erbvertrag besiegelt, der Homburg die langersehnte weitgehende Selbständigkeit innerhalb des deutschen Reichs zusicherte.

Familienglück und Gartenlust

Mit Nachwuchs war das landgräfliche Paar reich gesegnet: Caroline brachte 15 Kinder zur Welt, vier starben früh, sechs Söhne und fünf Töchter wuchsen heran. Vom lebhaften Familienleben am Homburger Hof mit der großen Kinderschar gibt es anrührende Berichte. Im Dasein der beiden sonst recht unterschiedlich veranlagten Ehepartner spielte die gemeinsame Liebe zur Gartenkunst eine große Rolle: Carolines Sinn für Ästhetik und ihr Wunsch, die Homburger Parkanlagen nach dem damaligen Zeitgeschmack neu zu gestalten, trafen sich mit dem von Rousseau geprägten Naturverständnis ihres Mannes. Das erste Projekt des Landgrafenpaars war der Schloßpark: Hier ließ Caroline um 1770 den »nützlichen« Weinberg in ein »schönes« Boskett, einen idyllischen, zu Spaziergängen einladenden Ort verwandeln. Überhaupt wurde das formelle und streng symmetrische Erscheinungsbild des barocken Schloßparks weitgehend verändert: Ein englischer Landschaftsgarten entstand, ein kunstvoll gestalteter Naturausschnitt im Geist der frühen Romantik.

Der »Große Tannenwald«

Die um 1770 angelegte und mit Pappeln bepflanzten Tannenwaldallee führte geradewegs vom Schloß zum »Großen Tannenwald«, den Friedrich Ludwig mit großer Sorgfalt plante, – über die Entwürfe korrespondierte er mit führenden Gartentheoretikern. Sein fürstlicher Lusthain wurde zu einem verträumten grünen Reich, wie es der empfindsamen und naturschwärmerischen Haltung jener Zeit entsprach. Von breiten Wegen durchzogen, bot der »Große Tannenwald« mit seinen kleinen Tempeln und Eremitagen, den Solitaires (einzeln stehenden Tannen), den Labyrinthen oder Teichen immer neue stimmungsvolle Ansichten. Ein »pays de fée«, (eine Feenlandschaft) nannte es J. H. Merck nach einer Kutschfahrt im April 1772 mit dem Landgrafenpaar und Goethe, der wohl an diesem Tag hier die entzückende junge Hofdame Louise von Ziegler kennenlernte: Die zarte Liebesgeschichte zwischen dem damals zweiundzwanzigjährigen Juristen und »Lila«, die zum Darmstädter Kreis der »Empfindsamen« gehörte, endete bald, lebt aber in dem goetheschen Gedicht »Pilgers Morgenlied – An Lila« weiter.

Den »Großen Tannenwald« liebte Friedrich Ludwig als beschauliches Refugium, das für ihn wohl den alten Traum von einem Leben in mythischem Einklang mit der Natur erfüllte. Und die Schönheit dieses Orts, den er nach nach einem am Fuß des Olymp liegenden wunderschönen Tal »Tempe« nannte, pries er in einem strophenreichen Gedicht:

»Zwar ists kein Tempé nicht, wie uns die Dichter mahlen
Hier ist kein Griechenland und kein thessalisch Feld.
Kein steiler Götterberg, nicht falscher Gottheit Strahlen,
Kein Licht, das vom Olymp ins Thal hernieder fällt!
Die Sonne scheint uns hier auf alter Tannen Spitze
Und wirft ihr wärmend Licht durch kleinres Laub herein!
Dort steht ein Aespenbusch, wo bey der größten Hitze
Die zarten Blätter doch stets in Bewegung seyn.
Dort sieht man einen Stamm mit rothen Früchten stehen,
Hier Eichen, die schon längst Jahrhunderte gesehen!

In einem Schatten dort, wo sich die Abend-Röthe
Durch finsteres Gebüsch nur kurz zertrennet zeigt
Dort wo die Cedern stehn, die ich vor kurzem säte,
Und wo das Lärchen-Holz von Jahr zu Jahr steigt:
Dort steht ein einsam Haus, wo fern von Gram und Freude
Mit Carolinen mir manch holder Tag verging...«
(2. und der Anfang der 4. Strophe)

Heute ist diese historische Anlage des »Großen Tannenwalds« nur noch in ihren Grundstrukturen vage erkennbar. Unverändert blieb aber das vom Landgrafen 1773 für sein Lieblingspferd errichtete Pferdegrab mit der zu Herzen gehenden Inschrift: »Hier liegt das schönste Pferd begraben, / das alle Tugenden vereint: / könnt' man mit Tieren Freundschaft haben, / so läge hier mein Freund.«

Prinzengärten

Beseelt von dem Wunsch, seine Gartenlust mit den Söhnen zu teilen, schenkte der Landgraf jedem von ihnen ein Grundstück, das sie nach eigenem Geschmack zu einem Park gestalten konnten. Von diesen »Prinzengärten«, die rechts und links der Tannenwaldallee wie Perlen aufgereiht lagen, ist heute nur der »Gustavsgarten«, das »Accatium« erhalten. Nach dem Tod des letzten Langrafen im Jahr 1866 wurde dieser Park vom Bankier Wertheimber erworben, der um die Jahrhundertwende eine prächtige Villa errichtetete und und von hier aus vierspännig in seine Bank nach Frankfurt fuhr. Kaiser Wilhelm II. soll mehrfach in der Villa Wertheimber zu Besuch gewesen sein. Die Familie Wertheimber mußte 1933 Deutschland verlassen. Auf ihrem Anwesen richtete man nach dem Zweiten Weltkrieg ein Hirnverletztenheim ein, das später zur Neurologischen Klinik wurde. Der vorbildlich gepflegte »Gustavsgartens« hat sein ursprüngliches romantisches Gesicht weitgehend bewahrt, auch der kleine dorische Tempel steht noch. Verschwunden sind »Louisgarten« und »Philippsgarten«. Von seinem ersten Besitzer einst als dichter Tannenwald angelegt, hat sich der Ferdinandsgarten völlig verändert, nachdem er 1867 vom Hofgärtner Merle erworben wurde. Heute betreiben seine Nachkommen hier eine Baumschule. Daß die beiden Hofgärtner Merle – Vater und Sohn – in Potsdam-Sanssouci bei dem königlich preußischen Gartenbaudirektor Peter Joseph Lenné gelernt hatten, zeigt sich an manchen Entwürfen für die landgräflichen Parks, die Einflüsse der Lennéschen Schule erkennen lassen.

Der »Kleine Tannenwald« zu Carolines Zeit

»Beym Eintritt in den kleinen Tannenwald erblickt man zunächst einige Rasenstücke mit Blumen, und darauf eine runde, weiß angestrichene Colonade, die auf einer in einem Teich erhöhten Insel steht, worauf eine Brücke führt. Diese Insel ist mit Blumen und blühenden Stäuchern geziert und bietet einen anmutigen Sitz dar, der noch mehr gefallen würde, wenn die Colonade oben bedeckt wäre und Schirm von der Sonne gäbe... Hier und da mildern Laubhölzer, die zwischen den Tannen erscheinen, den Ernst dieser Bäume, die sich wohl nicht zu einem Lusthayn schicken.« Der »Kleine Tannenwald«, den Friedrich Ludwig für seine Frau nach 1780 im anglo-chinesischen Stil anlegen ließ, beurteilte C. C. L. Hirschfeld in seiner »Theorie der Gartenkunst« von 1785 zwar nicht unkritisch, schwang sich aber am Ende zu einem lobenden Resumée auf: »Übrigens ist dieser kleine Wald ein geliebter Ort der Zuflucht aus der Gesellschaft, der Aufenthalt des Schattens und der Kühlung, und die Heimat des ruhigen Selbstgenusses.« Caroline schenkte den »Kleinen Tannenwald« später ihrer englischen Schwiegertochter Elizabeth, die ihn umfassend ausbaute und verschönerte: In ihrer Ära wurde die wunderbare landgräfliche Parklandschaft mit ihren schließlich zehn Gärten vollendet, von den leider nur einige erhalten blieben.

»Plan zur Hebung der Agrikultur«

Beeinflußt von Rousseau widmete sich der Landgraf nicht allein der Gartenarchitektur, die als philosophisch begründete Kunstgattung in der zweiten Hälfte des 18. Jahrhunderts immer mehr fürstliche Anhänger fand. »Zurück zur Natur«: Das hieß für Friedrich V. Ludwig auch, sich intensiv mit der darniederliegenden Landwirtschaft in Homburg zu beschäftigen und in der Schweiz Informationen über eine Musterwirtschaft einzuholen. In seinem »Plan zur Hebung der Agrikultur« vertrat er dann die Thesen, daß zuviele Menschen auf zu kleinem Raum von Ackerbau und Viehzucht lebten und daß die landwirtschaftlichen Grundkenntnisse oft fehlten. Zudem konstatierte er, »die Faulheit, der Nationalfehler der Homburger«, sei die Hauptursache der schlechten Erträge. Seinen Einsichten ließ er planvolle Taten folgen, übergab zum Beispiel die landgräflichen Meiereien den Bauern oder schenkte ihnen Saatgerste – und der gewünschte Erfolg stellte sich nach einigen Jahren ein: Die Homburger Landwirtschaft blühte auf.

»Societé Patriotique de Hombourg«

Landgraf Friedrich V. Ludwig verkörperte einen patriarchalischen Absolutismus. Daß zu seiner Zeit das politische Klima in Hessen-Homburg auffallend liberal war und viele ungewöhnliche und geistvolle Menschen anzog, scheint ihm in seinen humanistischen Grundüberzeugungen nicht unwillkommen gewesen zu sein. »Es ist immer der Ort, der einzig in seiner Art ist;«: schrieb der spätere landgräfliche Geheimrat Isaak von Sinclair im Jahre 1793 : »denn es ist vielleicht der einzige à proportion seiner Größe, wo so wenig aborigines und so viele Fremdlinge aus allen Zonen sind, die oft das Spiel des Schicksals waren und alle sehr heterogen und originell sind. Es ist eine colonie von aventurern. Das Schönste dabei ist, daß das Staatsband, das sie zusammenhält, so lax ist, daß sie sich nicht aneinander abschleifen; jeder dünkt sich sein eigener Herr und behält seine Ecken und Eigenheiten bei. Doch ist der Ort so klein und die Verhältnisse so gedrängt beisammen, daß trotz ihrer Independenz alle diese Personen immer in Collision kommen. Es ist gewiß einer der Orte, wo man die meisten Erfahrungen machen kann und wo es à proportion die meisten interessanten Leute gibt.« So kam es 1775 auch ausgerechnet in diesem winzigen Fürstentum zur Gründung der »Societé Patriotique Hesse–Hombourg«, die sich im Geist der Aufklärung um eine weite Verbreitung gelehrten Wissens bemühte: Nach heutigem Sprachgebrauch würde man sie als Koordinationszentrum für den internationalen wissenschaftlichen Austausch bezeichnen. »Patriotisch« bedeutete hier keineswegs »vaterländisch«, sondern »weltbürgerlich« im Sinne einer utopischen »patrie universelle«. Der Initiator des ambitionierten Unternehmens, ein französischer Publizist mit dem dekorativen Namen Nicolas Hyacinthe Paradis, gewann den Landgrafen als offiziellen Stifter der Gesellschaft: Als regierender Fürst lehnte er die Aufklärung als politisches Programm naturgemäß dezidiert ab, zeigte sich aber offenbar bereit, ein Projekt zu unterstützen, das die Vermehrung von gelehrten Erkenntnissen verprach. Und die Resonanz war groß: Während ihrer kurzen Blütezeit traten 143 Wissenschaftler aus neun europäischen Ländern der »Société Patriotique« als Mitglieder und Korrespondenten bei. Trotz des

Das Sinclair-Haus in der Dorotheenstraße

bemerkenswerten Erfolgs scheiterte diese erste Institution ihrer Art aber bereits nach sechs Jahren an organisatorischen und personellen Schwierigkeiten.

Hofdemokraten

»Woher kommt es, daß ich niemals jemanden gesehen habe, der Homburg ohne Schmerz und ohne Bedauern verlassen hat...« schrieb der hessisch-homburgische Hofrat Franz Wilhelm Jung im Februar 1792 an die Landgrafentochter Karoline: »Es ist einzig und allein dieses Gefühl von Freiheit und Gleichheit, das von dem gnädigen Herrn ausgeht, sich über alle Persönlichkeiten verbreitet und das jedem sein Selbstbewußtsein gibt, das man anderswo nicht finden könnte. Jeder kann denken, sprechen und tun, was er will... Wir brauchen keine Revolution, um uns die Freiheit zu verschaffen, ebenso wie in gewisser Hinsicht die Gleichheit.« Jung galt als der führende Kopf der »Hofdemokraten«, die ein noch erstaunlicheres Phänomen als die »Societé Patriotique« in der Homburger Geschichte des ausgehenden 18. Jahrhunderts darstellen: Die »Hofdemokraten« waren ein eifrig theoretisierender Kreis von Anhängern der französischen Revolution, der sich im Winter 1791/92 bildete. Hohe Regierungsbeamte, der Hofmaler, die Mathematik- und Zeichenlehrer der landgräflichen Kinder, Schriftsteller und Homburger Bürger trafen sich hier, zeitweilig war auch der lutherische Stadtpfarrer dabei. Ein »Kommerzium der Geister« wurde der informelle Club von Isaak von Sinclair genannt, der allerdings nur selten kam, weil er damals in Tübingen und Jena studierte.

Die Mehrzahl der »Hofdemokraten« gehörte also der engsten Umgebung des Landgrafen an: In seinem Mininaturstaat waren Hof und Regierung ja ohnehin praktisch eins, – von »einer gewissen Gemütlichkeit und Formlosigkeit« bei den Staatsgeschäften hatte schon der Staatsrechtler Johann Jakob Moser, ein Berater des vorigen Landgrafen, gesprochen. Daß Friedrich V. Ludwig die »Hofdemokraten« duldete, läßt sich wohl nur aus seinen engen, oft freundschaftlichen Beziehungen zu den Mitgliedern dieses Kreises erklären, vielleicht auch aus seinem Selbstverständnis als nachsichtiger Landesvater. Als zugleich konservativer Verteter des monarchischen Prinzips fand er schließlich die Homburger »Revolutionsschwärmer«, die sich immer waghalsiger artikulierten, aber doch nicht mehr tragbar, und es kam zu Entlassungen: Für die »Hofdemokraten«, die sich trotz ihrer politischen Utopien erstaunlicherweise zugleich als loyale landgräfliche Beamte verstanden, also keinerlei Diskrepanz zwischen ihren Gedankenflügen und ihrem Staatsdienst sahen, schien dies eine unbegreifliche Härte.

Unter der Trennung von Franz Wilhelm Jung, mit dem er eng befreundet war, hat der Landgraf selber gelitten. »Wir sind zwei Männer, die am Ufer standen; ich blieb auf meinem Platz, Sie schifften sich ein und glauben nun im Vorbeifahren, daß das Schiff still stehe, und das Ufer sich bewege«, schrieb er 1793 auf Jungs Kündigung in einem Antwortbrief, der wie ein Credo wirkt: »Das Ufer, worauf ich immer stand, worauf ich bis zu meinem letzten Atemzug stehen will, an welchem ich mich bei den jetzigen Zeiten täglich fester anklammere, ist Christliche Religion,

Vaterlandsliebe, Pflichten meines Standes und Deutsche Redlichkeit. – Zwar hatte ich anfangs, durch meinen Enthusiasmus für edle Griechische und Schweizerische Freiheit gereizt, durch wohlklingende Reden und falsche Nachrichten getäuscht, einige Lust, mich einzuschiffen; allein durch die Unähnlichkeit mit diesen Monstren zurückgeführt, durch allmähliche Kenntnis der Umstände, der Menschen, der Zwecke, durch Greuel, Unmenschlichkeit zurückgeschreckt, schauderte ich noch zur rechten Zeit vor dem scheußlichen Abgrund zurück...«

Sinclair und Hölderlin

Ohne seine schicksalhafte Rolle im Leben von Friedrich Hölderlin (1770–1841) wäre Isaak von Sinclair (1775–1815), einziger Sohn des Erziehers von Friedrich V. Ludwig, jenseits der Homburger Grenzen wohl längst vergessen. Für die Landgrafschaft hat er jedoch eine segensreiche Wirkung entfaltet – als der bald wichtigste Regierungsbeamte des Landgrafen seit 1796 und in den letzten Jahren seines relativ kurzen Lebens (er starb 1815 völlig unerwartet in Wien) als überaus fähiger Diplomat beim Wiener Kongreß. Seine vaterländischen Dichtungen – die »Cevennen-Trilogie« war sein Hauptwerk –, die er unter dem anagrammatischen Pseudonym Crisalin veröffentlichte, hatten vor allem bei den deutschen Romantikern großen Erfolg, sind heute aber vergessen.

Das verklärte Licht, das lange über der Freundschaft zwischen Hölderlin und Sinclair lag, ist vor einigen Jahren durch die Forschungen von Ursula Brauer einer realistischeren Betrachtungsweise gewichen. So klingt etwa ein seltsamer Ton im letzten Satz eines Briefes an, den Friedrich Hölderlin 1799 aus Homburg an seine Mutter schreibt: »Sinklär läßt sich Ihnen empfehlen. Er hat sich gefreut, daß Sie das gute Zutrauen zu ihm haben, daß er gute Aufsicht über mich führen werde, er woll' es auch pünktlich tun. Ordentlich lustig ist es, daß Sinklairs Mutter gerade mich zum sorgsamen Geleiter ihre HE. Sohns bestellt, wie Sie den HE. Regierungrat zu meinem Mentor machen. Es wird auch wirklich wenig Freunde geben, die sich gegenseitig so beherrschen und so untertan sind«: In diesem noch mehrfach erwähnten Wechsel von Stärke und Schwäche sah Hölderlin offenbar ein wesentliches Moment dieser engen Freundschaft, die einige Jahre später sehr problematisch für ihn werden sollte.

Die Rolle der Mütter

Eine gewisse Bedeutung für diesen Bund mögen auch einige erstaunliche Parallelen in ihren Biogaphien gehabt haben: Beide liebten ihre Mütter sehr und blieben ihnen noch als Erwachsene in auffallender Abhängigkeit verbunden, beide wurden von ihren Müttern im leibfeindlichen Geist des Pietismus erzogen. Beiden war es versagt, eine dauerhafte Liebesbeziehung zu einer Frau einzugehen. Und beide verzichteten ihrer Mütter wegen auf die Realisierung ihrer eigentlichen Lebenspläne: Der begabte und ehrgeizige Sinclair strebte als junger Assessor eine Karriere im preußischen Staatsdienst in Berlin an, blieb auf Drängen seiner verwitweten Mutter jedoch zeitlebens im engen Homburg.

Friedrich Hölderlin, der als junger Mann eigentlich Jurist werden wollte, ließ sich von der Mutter das von ihm immer ungeliebte Theologiestudium aufzwingen. Später verzichtete er auf ihren Wunsch darauf, sein Erbe selber zu verwalten – und damit auf seinen Lebenstraum, allein der Dichtkunst zu leben, die er als seine wahre Berufung erkannt hatte. So fand er sich zu einem kümmerlichen Broterwerb als Hofmeister in ständig wechselnden Stellungen verurteilt, einer Existenzform, der Hölderlin in seiner ihm bewußten »Zerstörbarkeit« auf Dauer nicht gewachsen sein konnte. Verbotene Arbeit und verbotene Liebe wurden zu den beiden tragischen Grunderfahrungen seines Lebens.

Tübingen und Jena

Kennengelernt hatten sie sich im Herbst 1793 in Tübingen. Der Stiftler Hölderlin stand wie sein Freund Hegel damals kurz vor den theologischen Examen; mit dem fünf Jahre jüngeren Jura- und Philosphiestudenten Sinclair, der als entschiedener Demokrat galt, teilten beide die Begeisterung für die Französische Revolution. Zum »Herzensfreund instar omnium« wurde er für Isaak zwei Jahre später in Jena, wo beide Fichte hörten. Hölderlin hatte damals die erniedrigende Erfahrung hinter sich, als Hofmeister bei Charlotte von Kalb gescheitert zu sein.

Der neu gewonnene Freund und dessen intensive Auseinandersetzung mit dem gemeinsamen großen Lehrer waren entscheidend für Isaak von Sinclairs Weg zum philosophischen Denken. »...Seine Bildung beschämet mich, und gibt mir zur Nachahmung einen mächtigen Reiz; mit diesem strahlenden, liebenswürdigen Vorbild werde ich künftigen Sommer auf einem einsamen Gartenhaus zubringen. Von meiner Einsamkeit und diesem Freund verspreche ich mir viel. Ich habe seinetwegen an die Hofmeisterstelle bei den Prinzen gedacht, ich möchte ihn um alles wenigstens in meiner Nähe haben.« Es waren wohl Sinclairs allzu intensiven Wünsche nach Nähe, die Hölderlin schon nach kurzer Zeit aus Jena fliehen ließen.

Hölderlin in Homburg

»Wesentlich ist aber der geistreiche verständige, herzliche Umgang meines Sinklär. Bei einem solchen Manne ist jede Stunde für den anderen Gewinn und Seele und Freude«: Als Friedrich Hölderlin im Herbst 1798 an seine Mutter schrieb, hatte sich in seinem Leben kurz vorher eine tragische Wendung vollzogen: Er war nach zwei Jahren als Hofmeister der Familie Gontard entlassen worden, hatte Abschied von Susette nehmen müssen, die ihm alles bedeutete. Um wenigstens in ihrer Nähe zu bleiben, war er von Frankfurt nach Homburg gezogen, wo ihm sein Freund beim Hofglaser Wagner in der Haingasse zwei Zimmerchen im Obergeschoß besorgt hatte. »Sonst machen die seltnen Schönheiten der hiesigen Gegend mein einzig Vergnügen; das Städtchen liegt am Gebirg, und Wälder und geschmackvolle Anlagen liegen rings umher;« berichtete er seiner Schwester, »ich wohne gegen das Feld hinaus, habe Gärten vor dem Fenster und einen Hügel mit Eichbäumen, und kaum ein paar Schritte in ein schönes Wiestal! Da geh ich dann hinaus, wenn ich von meiner Arbeit müde bin, steige auf den Hügel und sehe über Frankfurt hin in die weiten Fernen hinaus, und diese unschuldigen Ausblick geben mir dann wieder Mut und Kraft zu leben und zu schaffen. Liebe Schwester! es ist so gut, als ob man in der Kirche gewesen sei, wenn man so reinen Herzens und offenem Aug Licht und Luft und die schöne Erde gefühlt hat.«

Hölderlins erster Homburger Aufenthalt dauerte von September 1798 bis Anfang Juni 1800. In dieser Zeit gelang es ihm, Susette Gontard einige Male wiederzusehen, in Frankfurt oder auf dem Adlerflychtschen Hof, dem Landhaus der Familie, das vor den Toren der Stadt in Richtung Homburg lag. Es waren notgedrungen nur flüchtige Begegnungen, und umso wichtiger wurde Hölderlin die Korrespondenz mit der geliebten Diotima. Seine Briefe sind leider verschollen, von ihrer Hand blieben siebzehn erhalten, die vom Glauben an die Liebe und von der Trauer über die erzwungene Trennung erfüllt sind. »Ich fühlte es lebhaft, wie ohne Dich mein Leben dahinwelkt und langsam stirbt...« Als der zweite Band des »Hyperion« im Oktober 1799 erschien, sandte Hölderlin sein erstes Freiexemplar mit der Inschrift »Wem sonst als Dir« an Diotima.

Über den zwei Jahre zuvor erschienenen ersten Band dieses philospohischen Briefromans kam es bald nach seiner Ankunft zu einem Kontakt mit der landgräflichen Familie. Seiner Mutter berichtete Hölderlin im Oktober 1798 nicht ohne Genugtuung: »Am Hofe hat mein Buch einigermaßen Glück gemacht und man hat gewünscht, mich kennenzulernen. Die Familie des Landgrafen besteht aus echtedlen Menschen, die sich durch ihre Gesinnungen und ihre Lebensart von anderen ihrer Klasse ganz auffallend auszeichnen. Ich bleibe übrigens entfernt, aus Vorsicht und meiner Freiheit willen, mache meine Aufwartung und lasse es dabei bewenden.« Auch die Mutter von Sinclair und dessen Homburger Kreis nahmen ihn liebenswürdig auf. Daß er auf Sinclairs Einladung im November 1798 zum Rastatter Kongreß fuhr, hob Hölderlins Stimmung sichtlich. Positiv wirkte sich auch aus, daß sich die alte Freundschaft mit Hegel wiederbelebt hatte, der durch seine Vermittlung seit 1797 als Hofmeister bei der kultivierten Frankfurter Familie Gogel tätig war. In den Frankfurter und Homburger Jahren kam es zu einem fruchtbaren geistigen

Austausch. Wenn die Zuneigung dieser Menschen Hölderlin in seinem Unglück auch nicht helfen konnte, so war sie für ihn doch, wie er schrieb »...wie eine Melodie, zu der man Zuflucht nimmt, wenn einen der böse Dämon überwältigen will.«

Das Wesen der Schönheit

In den Homburger Jahren von 1798 bis 1800 vollendete Hölderlin den »Hyperion« und arbeitete an den verschiedenen Fassungen des Fragment gebliebenen Trauerspiels »Tod des Empedokles«. Von hier aus plante er, eine poetische Monatsschrift mit dem Titel »Iduna« herauszugeben, um sich endlich eine bescheidene Existenz zu sichern, scheiterte aber schon in den Anfängen: Der Verleger Steinkopf in Stuttgart wünschte die Mitarbeit berühmter Dichter, Hölderlin bat Schiller, Goethe und Schelling geradezu inständig um Beiträge, bekam aber Absagen oder überhaupt keine Antwort...

Die Liebe zu Diotima, die für ihn die ewige Schönheit des Göttlichen verkörperte, und der unerträgliche Schmerz, sie endgültig verloren zu haben, klingt in den Gedichten dieser Zeit »zwischen Vergangenheit und Zukunft« immer wieder an. Während dieses ersten Aufenthalts in der Residenzstadt vollzog sich die nach Wolfgang Binder »vielleicht wichtigste Peripetie in Hölderlins Entwicklung«. Hier durchdachte und formulierte er, was er unter Dichtkunst verstand.

Nach der Trennung von Susette Gontard begann Hölderlin 1799 mit dem Versuch, das Wesen der Schönheit als »schöne Empfindung« zu begründen und ging der Frage nach, wie diese »schöne Empfindung« in der Sprache der Poesie sichtbar werden könne. Der »Wechsel der Töne« und deren harmonischer Zusammenklang wurden ihm schließlich zum poetologischen Maßstab, und im selben Jahr schrieb er mit »Abendphantasie« ein in diesem Sinne charakteristisches Gedicht, das wohl zu seinen schönsten gehört.

Hölderlin-Denkmal im Kurpark

DIE SCHÖNHEIT FLÜCHTET
AUS DEM LEBEN DER MENSCHEN
SICH HERAUF IN DEN GEIST;
IDEAL WIRD WAS NATUR WAR.
HÖLDERLIN, „Hyperion."

Abendphantasie

Vor seiner Hütte ruhig im Schatten sitzt
Der Pflüger, dem Genügsamen raucht sein Herd
Gastfreundlich tönt dem Wanderer im
Friedlichen Dorfe die Abendglocke

Wohl kehren itzt die Schiffer zum Hafen auch,
In fernen Städten, fröhlich verrauscht des Markts
Geschäft'ger Lärm; in stiller Laube
Glänzt das gesellige Mahl den Freunden

Wohin denn ich? Es leben die Sterblichen
Von Lohn und Arbeit; wechselnd in Müh' und Ruh'
Ist alles freudig; warum schläft denn
Nimmer nur mir in der Brust der Stachel?

Am Abendhimmel blühet ein Frühling auf;
Unzählig blühn die Rosen und ruhig scheint
Die goldne Welt; o dorthin nimmt mich
Purpurne Wolken und möge droben

In Licht und Luft zerrinnnen mir Lieb' und Leid! –
Doch, verscheucht wie von töriger Bitte, flieht
Der Zauber; dunkel wirds und einsam
Unter dem Himmel, wie immer, bin ich –

Komm du nun, sanfter Schlummer! zu viel begehrt
Das Herz; doch endlich, Jugend! verglühst du ja,
du ruhelose, träumerische!
Friedlich und heiter ist dann das Alter.

Zwischenstationen

Im Frühjahr 1800 waren Hölderlins Ersparnisse aufgebraucht. Die Mutter schickte das erbetene Geld nicht, von Sinclair wollte er nichts annehmen, und so verließ er Anfang Juni Homburg, um nach Stuttgart zu fahren. Ein rastloses und zermürbendes Wanderdasein folgte in den nächsten vier Jahren: Nur kurze Zwischenstationen waren seine beiden Hofmeisterstellen im schweizerischen Hauptwil und in Bordeaux, aus Frankreich kehrte er völlig erschöpft nach Stuttgart zurück. Der frühe Tod von Susette Gontard im Sommer 1802 verstörte ihn zutiefst. Im Herbst dieses Jahres reiste er nach Regensburg, auf Sinclairs Einladung, der dort bei der Reichsdeputation vergeblich um eine Vergrößerung von Hessen-Homburg kämpfte. Dort gewann Hölderlin in langen Gesprächen ein engeres Verhältnis zum Landgrafen: Er legte Hölderlin damals wohl nahe, das große religiöse Zeitgedicht zu schreiben, um das er den greisen Klopstock vergeblich gebeten hatte. Dem Landgrafen widmete Hölderlin dann auch seine bald darauf entstandene Hymne »Patmos«.«Nah ist / und schwer zu fassen der Gott./ Wo aber Gefahr ist / wächst das Rettende auch...«. Im Jahr 1804 erschien seine Übersetzung der Trauerspiele des Sophokles: Aber diese positiven Ereignisse waren nur kleine Lichtblicke in seinem immer größeren Elend. Daß Sinclair ihm damals aus diesen äußeren und inneren Nöten zu helfen versuchte, indem er ihm die pro-forma-Stellung eines landgräflichen Hofbibliothekars verschaffte, war wohl sein größter Freundschaftsbeweis. Hölderlins Gehalt trug er aus eigener Tasche, denn der Landgraf war wie fast immer ziemlich »geldbeklemmt.«

Zweiter Homburger Aufenthalt – Hölderlinhaus

Friedrich Hölderlin wurde Ende Juni 1804 von Sinclair in der Neugaß (der heutigen Dorotheenstraße) bei der Uhrmacherfamilie Calamé untergebracht, »gerade in der Gegend, wo er es wünschte« und bei »sehr braven Leuten, die alles für ihn besorgten.« Um dem Dichter »Erleichterung in einer sehr trüben Stimmung zu verschaffen«, schenkte ihm Prinzessin Auguste ein Klavier. Alle Mühen waren, wie man weiß, am Ende vergeblich. Er wohnte etwa ein Jahr in dem bescheidenen Barockhaus, mußte dann aber ein neues Quartier beim Sattlermeister Lattner, einem schwäbischen Landsmann, in der Haingasse beziehen.

Nur das Haus in der Dorotheenstraße blieb von den drei Homburger Quartieren des Dichters erhalten. Als die Stadt das inzwischen längst baufällige Hölderlinhaus 1981 erwarb, wurde heftig darüber gestritten, ob man es sanieren oder abreißen solle. Trotz des Protests von Hölderlinfreunden aus aller Welt wurde es zwei Jahre später abgebrochen. In dem 1986 rekonstruierten Gebäude entstand eine Stipendiaten-Wohnung für Hölderlinforscher.

Friedrich Hölderlins zweiter Homburger Aufenthalt endete mit seinem Abtransport in die Autenriethsche Klinik in Tübingen und seinem 36 Jahre währenden Dämmerleben bei dem Schreinermeister Zimmer. Daß er in den Jahren von 1804 bis 1806 überhaupt noch arbeiten konnte, scheint wenig wahrscheinlich. Immerhin schrieb Hofrat Isaac von Gerning, für den Homburg »ein wahrer Musenort« war, im Sommer 1805: »Hölderlin, der halbverrückt ist, zackert noch am Pindar«: Wohl ein letzter, mühseliger Versuch des Dichters, mit seinen Pindar-Übersetzungen weiterzukommen.

Daß Sinclair wegen angeblicher revolutionärer Umtriebe in Württemberg Ende Januar 1805 aus Homburg abtransportiert wurde und vier Monate im Gefängnis blieb, bis seine Unschuld erwiesen war, versetzte Hölderlin in höchste Erregung, zumal auch er selber zeitweise verdächtigt wurde. Überliefert ist, daß er immer wieder beschwörend »Ich will kein Jacobiner sein, vive le roi« rief, wohl aus der tiefsitzenden Angst, ebenfalls verhaftet zu werden.

Isaak von Sinclair war zwischen 1804 und 1806 aus verschiedenen Gründen noch häufiger von Homburg abwesend, – alles in allem sogar mehr als die Hälfte der zweieinviertel Jahre, die Hölderlin dieses Mal in der Residenzstadt zubrachte. Dessen Bibliothekarsgehalt zahlte er zwar pünktlich, scheint sich sonst um den Freund, dem es immer schlechter ging, aber nicht mehr oft gekümmert zu haben, auch nicht aus der Ferne. Der persönliche Ton seiner Briefe an Hölderlins Mutter wandelte sich völlig, wurde beamtenhaft und kalt. In einem erschreckend förmlichen Schreiben ersuchte er sie schließlich, ihren Sohn, »dessen Wahnsinn eine sehr hohe Stufe erreicht hat«, und dessen »längere Anwesenheit selbst dem Publikum gefährlich werden könnte«, aus Homburg abholen zu lassen.

Der gewaltsame Abschied war schrecklich: »Le pauvre Holterling...« schrieb die Landgräfin am 11. September 1806, »wurde heute morgen abtransportiert. Er machte alle Anstrengungen, um sich aus dem Wagen zu stürzen, aber der Mann, der für ihn zu sorgen hatte, stieß ihn zurück. Hölderlin schrie ... und kratzte schließlich den Mann mit seinen enorm langen Fingernägeln so, daß dieser ganz blutig war.« Sinclair war an diesem Tag nicht in Homburg. In Tübingen hat er Hölderlin nie besucht.

»Wie hattest Du Hölderlin geliebt?«

Es ist eine Liebesgeschichte, die eigentlich keine war. Alles blieb Andeutung, Sehnsucht, unerfüllbarer Traum. Diese Geschichte, die voller Wehmut ist, ereignete sich ganz im Verborgenen, allein in der empfindsamen Seele eines jungen Mädchens: Die Liebe zu Friedrich Hölderlin, die er nicht erwiderte (oder nicht erwidern konnte?) veränderte das Leben der Prinzessin Auguste von Hessen-Homburg (1776–1871) von Grund auf.

Jahrzehnte später schilderte ihre Schwester Marianne von Preußen in ihrem Tagebuch ein Bild aus der Zeit, als die Geschichte anfing. »Gestern aß der diesjährige rector magnificus bei uns, der weltberühmte Professor Hegel – mir war das eigentlich fatal – und ich schämte mich fast, viel mit ihm zu reden,... da fing er von Hölderlin an, der für die Welt verschollen ist – von seinem Buch Hyperion – alles das hatte époque in meiner Kindheit mir gemacht wegen Schwester Auguste in Beziehung auf sie... Es war eine Art Erinnerung erweckt wie sonst als durch einen Geruch oder Melodie oder Ton. Ich sah auf einmal das Buch Hyperion, wie es grün eingebunden lag auf dem Fenster der Schwester Auguste, und die schönen Weinranken am Fenster, den Sonnenschein hindurch, den kühlen Schatten in den dunklen Kastanienallén vor dem Fenster – kurz die ganze Vergangenheit ging mir auf in dem befreundeten Namen.«

Mit dem »Hyperion« begann es also: Auguste, damals 21 Jahre alt, war wie gebannt von der Lektüre. »Den ganzen Tag las ich und dachte mich in diese Gedanken hinein – es war mir wie aus dem Herzen gesprochen... Was war aber natürlicher, als daß der dies geschrieben für mich, auch ohne ihn gesehen zu haben, eins mit dem Inhalte wurde.– Er wohnte bald darauf einige Jahre hier. Ich hörte von von seinem Freunde, wenn ich wollte, von ihm reden. (Dieser selbst hatte keine Ahnung von meinem Interesse.) – Gesprochen habe ich ihn in diesen paar Jahren vielleicht drei- oder vier Mal, eigentlich garnicht, – gesehen vielleicht sechs Mal. Aber die Einbildungskraft hatte freies Spiel – und was sie leisten kann, hat sie getreulich geleistet! ...Dies belebte Bild nährte das Verlangen nach Liebe in mir – ohne welchem man doch, glaube ich, nicht Mensch werden kann... Unter diesen leeren Träumen sind meine letzten Jugendjahre verflossen.«

Mit ihrem fast sechzig Seiten langen »Testament«, das eher einer Lebensbeichte gleicht, antwortete Auguste im Jahr 1816 auf einen Brief von Marianne. »Wie hattest Du Hölderlin geliebt?... So wie ich mirs denke, war er die einzige Leidenschaft Deines Lebens.« Die Frage der Schwester hatte die vierzigjährige Auguste im Innersten getroffen. Nun stellte sie sich der Erinnerung, leistete Trauerarbeit, wie man es heute nennen würde.

Ist eine Ode ein Liebesbeweis? Kaum mehr als Höflichkeit war es wohl, als Friedrich Hölderlin der Landgrafentochter zum 23. Geburtstag die Ode »Der Prinzessin Auguste von Hessen-Homburg. den 28ten Nov. 1799« schenkte, ihr drei Jahre später seine Sophokles-Übersetzung widmete. Wie hätte er Diotima vergessen und sich einer neuen Liebe hingeben können?

Hölderlin verließ im Juni 1800 Homburg. Auguste lehnte danach mehrere standesgemäße Heiraten ab: »Was ein Herz dem Andern sein kann – war mir eingeleuchtet – das Herz nicht geben können, und doch die Hand, wäre von dem an eine schwere Sünde gewesen für mich.« Sie suchte nach einem eigenen, selbständigen Leben, wollte als Malerin nach Paris gehen. »Einmal, noch in der Jugend, als ich überzeugt war, daß ich niemand, der mir zu heiraten erlaubt war, werde lieben können – weil mir diese ganze Classe so erbärmlich vorkam... Da war mir der Gedanke so hart, eine Last dem väterlichen Hause zu werden – ich wollte mich selbst ernähren mit der Malerei!... Aber endlich sah ich doch mit tausend Jammer ein, daß ich wohl meine Eltern damit kränken würde.«

Auguste blieb in Homburg. Erst im Alter von 41 Jahren wurde sie 1818 die Frau des verwitweten Erbgroßherzog von Mecklenburg-Schwerin. Daß sie nun bereit war, zu heiraten, kann wohl kaum Zufall sein. Mit ihrem zwei Jahre zuvor verfaßten »Testament« hatte sie endlich Klarheit über ihr großes Gefühl von einst gewonnen: »Denke, wenn ich hierbei mich so erinnere, was ich mir in ihm vorspiegelte – so finde ich gerade das, was mich so unerwartet, so mächtig jetzt ergriff. Ich lüge – und träume nicht – auch fällt es mir in dem Augenblick als ich es das schreibe zum ersten Mal ein. – das ist doch recht sonderbar.«

Der direkten Frage von Marianne wich sie allerdings aus, und ihre Liebe zu Hölderlin, dessen Name lange nicht erscheint, zeigte sie oft nur in dem, was sie nicht mitteilte oder bloß andeutete. Am Ende ihres Testaments erkannte Auguste: Hölderlin war für sie »...eine idealische Person – die ich in seiner Gestalt festhielt – ein Wesen meiner Phantasie, denn aus der Wirklichkeit war ja nichts erwachsen...«

Große Politik und kleines Land

Auch die Landgrafschaft blieb nicht von den Folgen der Französischen Revolution verschont und geriet in die Strudel der europäischen Politik. Als sich im Jahr 1795 das Revolutionsheer unter General Jourdan näherte, kam die große Stunde der Landgräfin Caroline. Friedrich V. Ludwig floh mit den Kindern nach Bamberg, sie blieb in Homburg und ergriff mutig die Initiative: Ohne Wissen ihres Mannes, nahm sie die Verhandlungen mit dem General und der Revolutionsregierung auf, um die Neutralität für Homburg zu erreichen. Das gelang zwar nicht, aber immerhin wurden dem Land damals keine Kontributionen auferlegt. Ihre Helfer waren Sinclair und die beiden entlassenen »Hofdemokraten« Jung und Kaempf. Im Jahr darauf zog das Revolutionsheer erneut in Homburg ein, und die Landgräfin, die dieses Mal ihrem Mann gefolgt war, hatte Sinclair mit den Verhandlungen beaufragt. Der junge hessisch-homburgische Regierungsbeamte bewies zum ersten Mal sein Geschick: Er konnte erfolgreich die Plünderung des Landes verhindern, die harten Kontributionen allerdings nicht.

»La mère citoyenne«, wie ihre Töchter die Landgräfin ironisch nannten, bewahrte ihren kühlen Kopf auch während der französischen Besetzung, die von 1798 bis 1800 dauerte, aber offenbar das Leben der Homburger Bevölkerung nur anfangs beeinträchtigt hat. Der Landgraf zog für diese zwei Jahre ganz nach Frankfurt, um jeden Kontakt mit den Besatzern zu meiden. Caroline dagegen blieb wieder in Homburg, wahrte die landgräfliche Präsenz und ließ sich die Zügel in Schloß und Regierung nicht einen Moment lang aus der Hand nehmen. Um einiges lebensklüger, gewandter und durchsetzungsfähiger als ihr Mann, gelang es ihr hervorragend, sich mit den Franzosen zu arrangieren, und sie soll sogar Spaß am gesellschaftlichen Umgang mit ihnen gehabt haben.

Die politische Entwicklung in den nächsten Jahren hatte schwerwiegende Folgen für die Landgrafschaft. Nach Reichsdeputationshauptschluß und Rheinbundakte teilte sie das Schicksal von rund 70 anderen, bisher unabhängigen Kleinstaaten. Hessen-Homburg verlor im Jahr 1806 seine staatliche Selbständigkeit und wurde dem Großherzogtum Hessen-Darmstadt eingegliedert. Friedrich V. Ludwig, der es schroff ablehnte, dem Rheinbund, den vom Freiherr von Stein verspotteten »Zaunkönigen« beizutreten, sah sich nun als mediatisierter Fürst im Rheinbundstaat seines Schwagers und war durch diese Abhängigkeit zutiefst verletzt in seinem Stolz.

»Überall sehe ich einen Homburg!«

Es wurden zehn schwere Jahre für den Landgrafen, der melancholisch befand, es seien ihm ohnehin »der vergnügten Tage nicht viel« in seinem Leben beschieden. Alle sechs Söhne kämpften gegen Napoleon, vier in der österreichischen, zwei in der preußischen Armee. »Je vois partout un Hombourg«, soll Napoleon einmal höchst irritiert ausgerufen haben und umso erstaunter gewesen sein, als das winzige Land kaum auf der Karte zu finden war. 1813 fiel Leopold von Hessen-Homburg, der jüngste und von seinem Vater besonders geliebte Sohn bei Großgörschen.

Im Jahr zuvor hatte der vernichtende Ausgang des Feldzugs gegen Rußland die entscheidende Wende der napoleonischen Laufbahn herbeigeführt. Für den Landgrafen und sein »treues deutsches Herz« war die Welt endlich wieder in Ordnung, und seine kompromißlos unopportunistische Haltung gegenüber Napoleon wurde endlich angemessen gewürdigt. Sein gemeinsam mit Sincair geführter Kampf um die Existenz von Hessen-Homburg hatte auf dem Wiener Kongreß schließlich Erfolg, was sich aber weder mit dem tapferen Einsatz der sechs Landgrafensöhne, noch mit dem großen Ansehen Friedrich V. Ludwig als »vaterländischer Fürst« hinreichend erklären ließ: Daß die jahrhundertelang von Hessen-Darmstadt abhängige Landgrafschaft 1816 als einziger Kleinstaat die volle Souveränität erhielt, war vor allem dem großen Verhandlungsgeschick Isaak von Sinclairs zu verdanken. Auch Wilhelm von Humboldt, der als Preußischer Bevollmächtigter beim Wiener Kongreß großen Einfluß auf die territoriale Neugestaltung Deutschlands besaß, scheint sich besonders für Hessen-Homburg eingesetzt zu haben: Seine enge Freundschaft mit Marianne von Preußen und zwei anderen Landgrafentöchtern (Karoline und Luise, die mit dem Fürsten und einem Prinzen von Schwarzburg-Rudolstadt verheiratet waren) mag bei seinem Engagement eine Rolle gespielt haben.

Friedrich V. Ludwig erhielt 1816 nicht nur seine alten Rechte als Landesherr zurück, sondern auch die geforderte Gebietserweiterung. Sein neues Territorium, das Amt Meisenheim am Glan in der Nähe von Bad Kreuznach, lag nach seinen Vorstellungen allerdings viel zu weit von Homburg entfernt: »Mit einem District in China ist mir nicht gedient« schrieb er nach Wien. Unabhängig von diesen Geschehnissen war im Jahr 1803 Kirdorf ein Teil der Landgrafschaft geworden.

Die Freude über den für Hessen-Homburg glücklichen Ausgang des Wiener Kongresses war groß. Um die langersehnte volle Souveränität zu feiern, versammelte sich die zahlreiche Landgrafenfamilie im Homburger Schloß, ein Bild »angehaltener Zeit«. Inmitten der politischen Umwälzungen in Deutschland erschien der Kleinstaat Hessen-Homburg noch jahrzehntelang wie eine Insel der alten patriarchalisch-absolutistischen Ordnung: die konstitutionelle Entwicklung kam hier nur langsam in Gang.

Homburg in der Ära der englischen Landgräfin

Das ältliche Brautpaar

Spott konnte kaum ausbleiben: Daß die englische Königstochter Elizabeth im reifen Alter von achtundvierzig Jahren Friedrich Joseph von Hessen-Homburg, den ähnlich angejahrten bettelarmen Erbprinzen eines deutschen Zwergstaats heiratete, galt in London als schockierende Mesaillance. Als »couple of humbug« wurde das ältliche und zudem noch reichlich korpulente Brautpaar damals auf drastischen Karikaturen verspottet: Die bissigen Zeichnungen und Kommentare werfen ein bezeichnendes Licht auf die damals in England schon bestehende Pressefreiheit. Ein unglaublicher »Humbug« war es für die englische Öffentlichkeit, daß die Prinzessin von Großbritannien und Irland, Herzogin von Braunschweig und Lüneburg, samt ihrer Mitgift von 40.000 Talern und der Jahresapanage von 13.000 Pfund ins winzige Homburg ziehen wollte, das dem Landesherrn jährlich nur bescheidene 600 Pfund einbrachte.

In der homburgischen Familie war die Freude über diese Hochzeit verständlicherweise groß. Und Marianne, die mit Wilhelm von Preußen verheiratete Schwester des Bräutigams, drückte dies in einem Brief mit entwaffnender Ehrlichkeit aus: »Daß Bruder Fritz noch zum reichen Mann wird, ist nicht zu verwerfen; es wird dadurch alles, gebe Gott, in bessere Ordnung in Homburg kommen und alles hübsch sauber gestrichen.«

Eine »bessere Ordnung« hatte die Landgrafschaft, die zu den kleinsten deutschen Fürstentümern zählte, damals wirklich dringend nötig: Nach den napoleonischen Kriegen war die Bevölkerung verarmt und die staatliche Verschuldung in schwindelnde Höhen gewachsen. Homburg glich mehr einem Dorf als einer Residenzstadt, und das Schloß machte einen ziemlich verwahrlosten Eindruck.

Jugendjahre und militärische Laufbahn des Landgrafen Friedrich VI. Joseph

Friedrich Joseph war nach Landgraf Friedrich II. der zweite Homburger Landesherr, der durch die Heirat einer reichen Frau die Baugeschichte der Residenz wesentlich beeinflußte. Der Erbprinz kam am 30. Juli 1769 als erstes der elf Kinder von Landgraf Friedrich V. Ludwig und seiner Frau Caroline von Hessen-Darmstadt zur Welt. Daß der Vater sich weitgehend selbst der Erziehung seiner Kinder widmete und für diese Aufgabe keine Hofmeister engagierte, wie es an Fürstenhöfen damals üblich war, wird von J. H. Merck in einem Brief an Herzog Carl August von Weimar kritisch angemerkt und auf den Geldmangel im Homburger Schloß zurückgeführt. Wahrscheinlicher ist es aber, daß der hochgebildete Landgraf dies aus innerster Überzeugung tat.

Der Erbprinz verbrachte zwei Studienjahre in Genf und trat 1789 in das österreichisch-ungarische Heer ein, das zu jener Zeit im Türkenkrieg auf der Seite von Rußland stand. Während des Feldzugs von 1790 zeichnete er sich in der Schlacht bei Kalafat in der Walachei durch große Tapferkeit aus, wurde zum Major befördert und vom Kaiser mit dem Ritterkreuz des Maria-Theresia-Ordens ausgezeichnet. In den napoleonischen Kriegen entwickelte sich seine militärische Karriere steil nach oben. 1800 wurde er Feldmarschall-Leutnant. Als General der Kavallerie nahm er an der Völkerschlacht von Leipzig teil, eroberte mit zwei Divisionen Döblitz und wurde schwer verwundet. Im Feldzug des Jahres 1814 nahm er an der Spitze seiner Truppen die Festung Dijon ein. Als Oberbefehlshaber des Heeres zwischen Saône und Doubs besiegte er den französischen Marschall Augereau und eroberte Lyon im Frühjahr dieses Jahres. Für den hochdekorierten Prinzen endete damit die aktive Militärzeit.

Die englische Königstochter

Elizabeth kam am 22. Mai 1770 im Londoner Queen's House als siebtes der fünfzehn Kinder von König Georg III. und seiner Frau Charlotte von Mecklenburg-Strelitz zur Welt. Die junge Prinzessin wurde in den für Damen von Rang klassischen Fächern wie

Die Libanonzedern vor dem Schloß

Literatur, Musik, Fremdsprachen unterrichtet, auch im Zeichnen und Malen. Daß sie auf diesen Gebieten überdurchschnittlich talentiert war, zeigte sich bald. Und die Voraussetzungen für die Entfaltung ihrer künstlerischen Begabung waren außergewöhnlich günstig: Ihr Vater, der erste in England geborene Hannoveraner auf dem englischen Thron, war ein vielseitig gebildeter und interessierter Mann, und die Kunst spielte an seinem Hof eine große Rolle: König Georg III. baute die Gemäldesammlung seiner Vorfahren kenntnisreich aus. So erwarb er 1762 die berühmte Sammlung des früheren britischen Konsuls in Venedig Joseph Smith, die glanzvolle italienische Bilder und Zeichnungen umfaßte. Der

König wirkte auch aktiv bei der Gründung der Royal Academy of Art im Jahre 1768 mit, die unter seiner »immediate patronage and protection« den schönen Künsten zu neuem Ansehen in der englischen Gesellschaft verhelfen sollte und in der natürlich seine Lieblingskünstler wie Angelika Kauffmann, Thomas Gainsborough oder Benjamin West Mitglieder wurden.

Die königlichen Sammlungen boten Elizabeth eine Fülle wunderbarer Vorbilder aller Epochen: Kopien oder Nachzeichnungen großer Kunstwerke anzufertigen galt zu jener Zeit nicht nur als Grundlage einer soliden künstlerischen Ausbildung, sondern auch als eine Tätigkeit, die man im Gegensatz zu heute damals keineswegs geringschätzte. In Bad Homburg sind im Landgrafenschloß und im Museum im Gotischen Haus zahlreiche Arbeiten von Elizabeth erhalten: Aquarelle, Zeichnungen, Kupferstiche, Radierungen und Lithographien, die sie oft nach Bildern von Penni, Piazzetta, Rembrandt, Gainsborough oder als eigene Kompositionen schuf.

Die Prinzessin hatte vorzügliche Lehrer, zu denen vermutlich auch Thomas Gainsborough und Alexander Cozens zählten, die nachweislich ihre Mutter und ihren Bruder, den Prince of Wales, unterrichtet haben. Sie wurde in sämtlichen graphischen Techniken unterwiesen und beherrschte diese mit bald großer Souveränität; Mythologisches, Landschaften und Kinderszenen waren ihre bevorzugten Sujets. Daß sie weit mehr als eine begabte Amateurin war und durchaus als ernstzunehmende Künstlerin galt, beweist die Aufnahme ihres Namens in das renommierte deutsche Künstlerverzeichnis Thieme-Becker im Jahr 1914.

Bei ihren Bildern fällt auf, daß sie häufig innige Szenen darstellte, auf denen eine Mutter mit ihrem Kind zu sehen ist, was der künstlerische Ausdruck eines großen persönlichen Kummers sein soll: Nicht mehr als ein Gerücht ist es allerdings, daß Elizabeth in jungen Jahren eine nicht standesgemäße Verbindung eingegangen sei und zwei Kinder geboren habe, die sie nicht bei sich behalten durfte.

Ihre Liebe zur Architektur, die in Homburg später zu reicher und heute noch sichtbarer Entfaltung kam, hatte sie schon mit ihrem Vater geteilt: Im Park von Frogmore, einem in der Nähe von Windsor Castle für Königin Charlotte erbauten Country House wurden in den Jahren nach 1790 mehrere Gartenpavillons nach Elizabeths Entwürfen gebaut, darunter ein Gotisches Häuschen am See.

Eine segensreiche Verbindung

Als Elizabeth und Friedrich Joseph heirateten, mag das Geld für den Bräutigam ein Motiv für diese Ehe gewesen sein, und bei der Braut spielte vermutlich der Wunsch, endlich zu einem eigenen Hausstand zu kommen, die ausschlaggebende Rolle. Aber die von Elizabeths Bruder Edward von Kent wohl als zeittypische

Vernunftheirat eingefädelte Verbindung stand von Anfang an unter einem guten Stern: Die Tochter des englischen Königs Georg III. und der deutsche Duodezfürst waren sich sofort sympathisch, als sie sich wenige Wochen vor der Hochzeit zum erstenmal sahen. Und von den überaus kritischen Stimmen am Hof und in der übrigen Londoner society, die sich über den in jeder Hinsicht nur mäßig attraktiven Bewerber um ihre Hand mokierten, ließ sich Elizabeth offensichtlich nicht beeindrucken: Am 7. April 1818 wurde die Hochzeit im Queen's House gefeiert.

»Vor allem muß ich Ihnen sagen, daß ich ganz glücklich mit der Prinzessin bin,« schrieb Erbprinz Friedrich zwei Wochen später aus London an seinen Vater: »Sie wird Ihnen gewiß gefallen. Sie hat ein so vortreffliches Gemüt, ist so aufgeräumten Geistes, daß Sie gewiß ganz verwundert sein werden, so eine angenehme Gesellschafterin dadurch mehr in Homburg zu erlangen.«

Die späte Ehe wurde für das Paar zum Segen, – und genauso für Homburg, das in der von 1820 bis 1840 dauernden Ära der englischen Landgräfin einen enormen Aufschwung nahm: Denn die Residenz war nach den napoleonischen Kriegen verarmt und ziemlich heruntergekommen. Das Homburger Städtchen mit seinen knapp dreieinhalbtausend Einwohnern und das Schloß müssen auf Elizabeth, die bisher nur das elegante Leben am englischen Königshof und in der Weltstadt London gekannt hatte, bei ihrer Ankunft einen niederschmetternden Eindruck gemacht haben. Und das, obwohl Friedrich Joseph noch aus London seinen Hofbeamten strenge briefliche Anweisungen gegeben hatte, wenigstens im Landgrafenschloß in letzter Minute für einige Verbesserungen zu sorgen: so durften die Hühner des Ofenheizers nicht mehr im Schloßhof scharren.

Aber gerade die kümmerlichen Verhältnisse in ihrer neuen Heimat haben offensichtlich ganz neue Fähigkeiten und Kräfte in ihr freigesetzt. Mit großem sozialen Engagement bemühte sie sich bald tatkräftig darum, die Lage der verarmten Bevölkerung zu verbessern. »Das Auge des in Homburg anlangenden Fremden sieht, wohin es blickt, Reinlichkeit und Licht«, kommentierte der Chronist Johann Georg Hamel (1811–1872) das Wirken Elizabeths, die sich mit ihrer Initiative – und ihrer Finanzkraft – bleibende Verdienste um das Stadtbild erworben hat.

»Von der englischen Prinzessin, die nach Deutschland verpflanzt ist, hörte ich sehr viel Gutes«, schreibt Charlotte von Schiller im Oktober 1818 in Weimar: »Sie ist sehr unterrichtet, liebt sich zu beschäftigen und hat dabei eine Güte, die grenzenlos ist. Sie freut sich immer ihres großen Reichtums nur, um ihn ihrem Gemahl mitzuteilen, und sagt, erst jetzt lernte sie den Wert des Geldes kennen, da sie es ihrem Gemahl geben könne; allein genösse sie es nicht. So eine Hingebung und Entfernung von Eigenliebe ist ein seltenes Beispiel.«

Sanierung der Altstadt

Als Landgraf Friedrich VI. Joseph am 20. Januar 1820 nach dem Tod seines Vaters die Herrschaft übernahm, begannen er und die freigebige neue Landesmutter sofort damit, die kleine Residenz planmäßig in einen besseren baulichen Zustand zu versetzen. Die Straßen der Innenstadt wurden neu gepflastert, Abwasserkanäle angelegt, die öffentlichen Brunnen neu eingefaßt. Mit der umsichtigen Sanierung der Altstadt hatte man gleich 1820 begonnen, wobei das Landgrafenpaar einen ausgeprägten Sinn für die Denkmalpflege zeigte und sich bemühte, den mittelalterlichen Charakter dieses Viertels weitgehend zu bewahren. Historische Bauwerke wie die noch vorhandenen Reste der Stadtmauer, die »Güldene Treppe« zwischen Ober- und Unterstadt und das Untertor wurden umfassend renoviert. Als unumgänglich zeigte es sich aber dennoch, einige morsche Gebäude abzureißen.

Daß der Landgraf auch das von der Stadt erworbene spätgotische baufällige Rathaus bis auf den Turm abtragen ließ, fand seine Schwester Marianne von Preußen, die alle Homburger Entwicklungen von Berlin aus immer höchst interessiert verfolgte, allerdings empörend: »Soll denn das Rathaus nicht wieder gebaut werden? Ich finde es schade mit dem Platz dort! Wäre doch der alte Turm stehen geblieben! Das gleicht ja garnicht Bruder Fritz!« klagte sie im Januar 1821 in einem an den Bruder Ludwig in Luxemburg gerichteten Brief.

Für das baufällige Rind'sche Bürgerstift wurde 1822 in der neu angelegten Stiftsgasse, die später in Elisabethenstraße umgetauft wurde, ein besseres Quartier geschaffen: Der reiche Homburger

Kaufmann Johann Christian Rind (1726–1797), von dem selbst Landgraf Friedrich V. Geld zu leihen pflegte, hatte sein Haus und sein gesamtes Vermögen in eine Stiftung eingebracht, um »verdienstvollen, armen Greisen« zu einem sorgenfreien Lebensabend zu verhelfen. Das Rind'sche Bürgerstift ist heute ein zeitgemäßes Altersheim.

Von Gelnhausen nach Homburg: Die Heiliggrabkapelle

Mit ihrem großen Interesse für historische Baudenkmäler griffen Friedrich VI. Joseph und Elizabeth sofort zu, als in Gelnhausen eine mittelalterliche Kapelle zum Verkauf angeboten wurde, die bei der Verbreiterung der Poststraße nach Leipzig im Weg stand. Die Hoffnung, daß dieses Bauwerk, eine Nachbildung des Heiligen Grabes in Jerusalem, aus der Zeit des Staufenkaisers Friedrich I. Barbarossa stamme, erfüllte sich jedoch nicht: Als die für 500 Gulden erworbene Kapelle Stein für Stein abgetragen wurde, um sie – in einer für die damalige Zeit noch ungewöhnlichen Aktion – nach Homburg zu translozieren, fand man im Fundament einen Stein, auf dem 1490 als Baujahr eingegraben war. Aber auch ohne die staufische Aura gehört die spätgotische Grabkapelle, die man 1825 auf dem reformierten Friedhof (an der heutigen Saalburgstraße) mit großer Sorgfalt wieder aufbaute, seither zu den architektonischen Sehenswürdigkeiten der Stadt.

Bauen kostet Geld

Die Renovierungsarbeiten und Neubauten hat Elizabeth aus ihren Mitteln finanziert. Aber als Erblast des 1820 verstorbenen Friedrich V. Ludwig hatte das landgräfliche Haus erhebliche Schulden. Friedrich VI. Joseph mußte nun beim Frankfurter Bankhaus Rothschild weitere Darlehen aufnehmen und dafür seinen gesamten Besitz und zudem den Schmuck seiner Frau verpfänden. Als er 1829 starb, war die Verschuldung in Homburg trotz des Reichtums der englischen Landgräfin noch weiter gestiegen: Die Kosten für die Hofhaltung hatten sich enorm erhöht, denn Friedrich VI.

Joseph wollte seiner Frau das Leben in der kleinen Residenz verständlicherweise so angenehm wie möglich machen. Auch die zahlreichen Baumaßnahmen des Landgrafenpaars verschlangen gewaltige Geldsummen, wirkten sich andrerseits aber auch segensreich aus: Bei den verschiedenen Projekten fanden zahlreiche Menschen in und um Homburg Arbeit und neue Verdienstmöglichkeiten.

Renovierung des Schlosses – Der Elisabethenflügel

Elizabeth kümmerte sich höchstpersönlich darum, daß alle Bauarbeiten zügig und genauso vorangingen, wie sie es sich vorgestellt hatte. Als die Stadterneuerung weitgehend abgeschlossen war, galten ihre nächsten Aktivitäten dem Schloß, das damals in einem ziemlich heruntergekommenen Zustand war. Nun wurde die Bausubstanz gründlich restauriert, der Weiße Turm und einige Schloßflügel bekamen einen neuen Verputz, und mehrere Innenräume erhielten durch neue Wandverkleidungen und wertvolle Möbel ein repäsentativeres Gesicht. Die baufreudige Landgräfin nahm auch größere architektonische Veränderungen der Schloßgebäude in Angriff. Dazu ließ sie den renommierten Baurat Georg Moller (1784–1852) aus Darmstadt kommen, der viele Jahre lang für sie tätig war. Nach seinen Plänen wurde in den späten zwanziger Jahren der Englische Flügel umgebaut, der zu Beginn des Ersten Weltkriegs auf Wunsch von Kaiserin Auguste Viktoria den für deutsche Patrioten weniger belastenden Namen Elisabethenflügel erhielt. Dieser Trakt des Schlosses sollte das Privatdomizil von Friedrich Joseph und Elizabeth, die vorher im daneben gelegenen Uhrturmflügel gewohnt hatten, großzügig erweitern. Aber bevor die neuen Räume fertiggestellt waren, starb Friedrich VI. Joseph am 2. April 1829. Der Englische Flügel, ihr „lovely and happy home“, wurde Elizabeths Witwensitz.

Die elegante Behaglichkeit dieser Zimmerflucht ist ein charakteristisches Beispiel für die Verbürgerlichung fürstlichen Wohnens, wie sie sich im 19. Jahrhundert an vielen europäischen Höfen entwickelte. Schon das Raumprogramm wirkt vergleichsweise bescheiden: Es umfaßt ein Schlafzimmer, ein Arbeitszimmer, das sogenannte Blaue Kabinett, ein Audienzzimmer und die Bibliothek. Von wahrhaft aristokratischen Proportionen war jedoch der Pompejanische Saal, der als repräsentatives Speisezimmer sechsunddreißig Gästen Platz bot und glanzvoll ausgestattet wurde. Die zartfarbigen antikisierenden Wandmalereien auf weißem Grund, die nach Elizabeths Entwürfen entstanden, bezaubern noch heute durch ihre raffinierte Ästhetik: Weinlaubumkränzte schmale Säulen mit Porträtbüsten, die sich in Blumenvasen fortsetzen, aus denen wiederum Girlanden wachsen, bilden zusammen mit anmutigen Arabesken und anderen Ornamenten, mit bunten Vögeln und Goldfischgläsern eine streng symmetrische und dabei außerordentlich heitere Wanddekoration. An einem der Fenster des Pompejanischen Saals ließ Elizabeth einen kleinen Balkon anbringen, um sich von hier aus an der – auch heute noch – schönen Aussicht auf der schnurgerade zum Feldberg führende Achse von Tannenwaldallee und Elisabethenschneise zu erfreuen.

In dem seit 1995 öffentlich zugänglichen Elisabethenflügel ist noch einiges von der originalen Möblierung erhalten: Beispielsweise der ebenso hübsche wie praktische Davenport-Desk mit seinen zahlreichen Schubladen und Ausziehfächern. An diesem Schreibmöbel pflegte die englische Landgräfin zu zeichnen und zu aquarellieren, so wie es der Hofmaler Johann Friedrich Voigt auf einem (heute im Museum im Gotischen Haus befindlichen) Gemälde dargestellt hat. Zu den reizvollsten Objekten zählen die Tische und Schatullen, die Elizabeths Schwester Charlotte von Württemberg kunstvoll und keineswegs dilettantisch mit Blumenbildern auf Holz oder Porzellan bemalt hat. Elizabeths eigene künstlerische Tätigkeit wird in anmutigen Zeichnungen und Aquarellen, auch in ihren mit Blumen- und Vogelmotiven bemalten Lacktafeln sichtbar, die vermutlich aus Frogmore House ins Homburger Landgrafenschloß gelangt waren.

Zu Elizabeths Lebzeiten müssen die Zimmer fast übergequollen sein vor lauter Möbeln, Bildern und Erinnerungsstücken, oft wertvollen kunsthandwerklichen Objekten aus Silber, Glas oder Porzellan. Das geht aus einem Inventarbuch von 1843 hervor, das drei Jahre nach dem Tod der englischen Landgräfin erstellt wurde. Sie hatte ihren gesamten persönlichen Besitz testamentarisch dem Hause Hessen-Homburg vermacht, das ihn zum Teil in den sech-

Pompejanischer Saal im Elisabethenflügel

ziger Jahren des vorigen Jahrhunderts versteigern ließ. Denn die Landgrafschaft war in erhebliche finanzielle Bedrängnis geraten, nachdem Elizabeth gestorben war und die Apanagen aus London ausblieben.

Elizabeths Kunstsammlungen

Als der letzte homburgische Landgraf Ferdinand 1866 starb und damit die männliche Linie dieses Hauses erlosch, erbte seine Nichte Caroline von Hessen-Homburg, die Ehefrau des Fürsten Heinrich XX. Reuß, das Vermögen Elizabeths: So gelangte ihre hervorragende Graphik-Sammlung zum größten Teil in die reußi-

sche Residenzstadt Greiz/Thüringen, ging 1920 in staatlichen Besitz über und ist heute im Greizer Sommerpalais zu bewundern. Vor allem ihre Kollektion von mehr als tausend Schabkunstblättern, die Elizabeth noch in ihrer Heimat angelegt hatte, gilt als eine der größten und bedeutendsten überhaupt. Die Schabkunst, auch Mezzotinto, Schwarze Kunst oder Englische Manier genannt, war damals eine in England beliebte graphische Reproduktionstechnik, weil damit malerische Effekte besonders gut wiedergegeben werden konnten.

Die geschabten Bilder mit ihrer samtartig wirkenden Oberfläche sind von hohem ästhetischen Reiz. Durch ihre eigenständige künstlerische Qualität stellen sie weit mehr als bloße Reproduktionen dar und wurden deshalb bald zu begehrten Sammelobjekten. In den Beständen der englischen Landgräfin finden sich unter anderem allein achthundert Schabkunstblätter nach Porträts von Joshua Reynolds, die ein fast lückenloses Panorama der englischen Gesellschaft des 18. Jahrhunderts bieten. Elizabeths Sammelleidenschaft, die auch anderen Graphiken, zudem Büchern, naturwissenschaftlichen Manuskripten oder historischen Dokumenten galt, zeigt sich heute zwar vor allem in Greiz. Aber auch im Homburger Landgrafenschloß und im Museum im Gotischen Haus sind einige der von ihr zusammengetragenen Kunstschätze zu sehen.

Der Umbau des Königsflügels

Als Landgraf Friedrich VI. Joseph 1929 nach nur elf Ehejahren starb, endete die wohl glücklichste Zeit in Elizabeths Leben. Sie setzte sich gleichwohl unverändert für das Wohl Homburgs ein, das ihr als neue Heimat ans Herz gewachsen war. Im Lauf der folgenden Jahre realisierte sie einige der großen Bauprojekte, die sie noch gemeinsam mit ihrem Mann ins Auge gefaßt hatte. Nach Georg Mollers Plänen ließ sie den groß angelegten Umbau des Königsflügels an der Ostseite des Schlosses in den Jahren 1835 bis 1840 durchführen und gab ihm damit ein gründlich verändertes architektonisches Gesicht, das sich heute noch weitgehend erhalten hat. Der Eckpavillon wurde erhöht, ein drittes Stockwerk aufgesetzt, die offene Toreinfahrt, das sogenannte Packtor, zu einer geschlossenen Eingangshalle mit vier Sandsteinsäulen umgebaut. In diesem Vestibül steht heute die prachtvolle Bronzebüste von Landgraf Friedrich II., ein Werk des großen Berliner Bildhauers Andreas Schlüter, das um 1704 von dem Homburger Johannes Jacobi gegossen wurde. Das 1835 erbaute Treppenhaus, dessen Wände man später in der Kaiserzeit mit Stuccolustro versah, führt im ersten Stockwerk in den sogenannten Marmorgang, einen wohlproportionierten Raum mit Lahnsteinsäulen.

Als glänzendes Beispiel eines konsequent klassizistischen Interieurs zeigt sich der elegant möblierte Speisesaal. Unter drei großen Kristall-Lüstern steht hier eine lange, von vierundzwanzig Mahagonistühlen umgebene Tafel, die mit dem sogenannten

Eiserne-Kreuz-Service aus der Königlich Preußischen Porzellan-Manufaktur gedeckt ist. Ein tiefgrüner Lorbeerkranz mit dem Eisernen Kreuz bildet das Dekor des Services, das König Friedrich Wilhelm III. mehreren seiner Generäle, die sich in den Freiheitskriegen große Verdienste erworben hatte, zum Geschenk machte: So auch Landgraf Ludwig, der das Service mit dem Homburger Wappen 1821 erhielt.

Zu den von Georg Moller entworfenen Umbauten im Schloß zählt auch der Bibliotheksflügel. In dem klassizistischen Bibliothekssaal, einem nahezu quadratischen, besonders schönen Raum mit vier stuckierten Säulen hatte die 16.000 Bücher umfassende landgräfliche Bibliothek ihren Platz. Sie wurde nach dem Erlöschen der Homburger Linie im Jahr 1866 zusammen mit den Bücherschränken von den Erben nach Darmstadt gebracht, wo sie im Zweiten Weltkrieg fast vollständig verbrannte. Einige Schränke hat man 1966 nach den im Stadtarchiv erhaltenen Mollerschen Entwürfen rekonstruiert. Der zweite Saal sollte nach den Plänen des Architekten ebenfalls als Bibliothek eingerichtet werden, hat aber immer als Ahnen- oder Bildersaal gedient. An zentraler Stelle ist das große Familienbildnis des Landgrafen Friedrich II. mit seiner zweiten und dritten Frau und der eindrucksvollen Kinderschar zu sehen.

Englische Gartenkunst

Die aus den Kew Gardens stammenden prachtvollen Libanonzedern vor dem Königsflügel des Schlosses, die Elizabeth als Hochzeitsgeschenk von ihrem Bruder Adolphus, Duke of Cambridge, bekam, sind ein heute noch sichtbares erstes Zeichen für die englischen Einflüsse auf die Homburger Parklandschaft. Denn die besondere Liebe der Landgräfin galt der Gartenkunst. Schon in ihren Jahren am englischen Königshof hatten Naturverbundenheit und Interesse an Landschaftsgestaltung eine große Rolle für sie gespielt, und beide Eltern wirkten dabei außerordentlich anregend: So war Elizabeth gemeinsam mit ihrem Vater, König Georg III. intensiv mit den Planungen zur Verschönerung der königlichen Parks beschäftigt. Und nach der Geburt des letzten, fünfzehnten Kindes im Jahr 1783 hatte sich ihre Mutter, Königin Charlotte, zu einer begeisterten und keineswegs bloß amateurhaften Botanikerin entwickelt. Elizabeth und ihre Schwestern teilten die mütterliche Leidenschaft des »botanizing.« Ein Zeitgenosse bewunderte, »daß es in den Gärten von Kew keine Pflanze gebe, die nicht von den Königlichen Hoheiten gemalt worden sei.«

In Homburg entfaltete Elizabeth gemeinsam mit ihrem Mann vielfältige gartenkünstlerische Aktivitäten und baute die von ihren Schwiegereltern geschaffene Homburger Parklandschaft mit Sachverstand und ästhetischem Empfinden weiter aus. Als einmalig kann es gelten, daß in diesem winzigen Fürstentum zwischen dem 17. und 19. Jahrhundert ein grünes Reich entstand, das zwar sehr viel kleiner als etwa die Parks in Wörlitz oder Potsdam, aber in der Idee durchaus mit diesen vergleichbar war. Zu bedauern bleibt, daß die historischen Homburger Gartenanlagen, in denen sich die Naturauffassung von Barock und Klassizimus, Aufklärung und Romantik zu schönster Wirkung verbanden, heute in ihrer Gesamtheit nicht mehr sichtbar sind.

Die erste Tat des neuen Landesherrn Friedrich VI. Joseph war es, die Tannenwaldallee 1820/21 in eine schnurgerade Chaussee verwandeln zu lassen. Diese von Pappeln gesäumte Allee, die vom Schloßgarten zum Großen Tannenwald führt und von diesem Zielpunkt ihren Namen bezog, hatte Landgraf Friedrich V. Ludwig auf einem gewundenen, unebenen Weg im Jahr 1770 zur Freude seiner Familie anlegen lassen. Daß sein Sohn Friedrich VI. Joseph nun einige der morsch gewordenen hohen Pappeln fällen ließ und sie durch junge Bäume ersetzte, fand deshalb zunächst das Mißfallen seiner Mutter und Geschwister: »Wie gräme ich mich wie die Mama über die alte, liebe, schöne Pappel-Allee – wenn es nicht nur für immer mit ihr verdorben ist«, klagte Marianne von Preußen in einem Brief an ihren Bruder Ludwig. In den Jahren 1822 bis 1823 ließ Landgraf Friedrich VI. Joseph auf Elizabeths Anregung die Tannenwaldallee durch die Elisabethenschneise verlängern, die bis hinauf zu den Taunushöhen des Feldbergs führte und an der Grenze der Landgrafschaft Hessen-Homburg endete: Heute ist die inzwischen von zwei Verkehrsadern durchschnittene Achse noch immer sichtbar.

Der »Englische Garten«

Bald nach ihrer Heirat begann Elizabeth eigenhändig die Pläne und Entwürfe für den »Englischen Garten« zu zeichnen, der östlich des Schlosses am Anfang der Tannenwaldallee entstand. Es war ein nach den Vorbildern ihrer Heimat gestalteter kleiner Landschaftspark, mit idyllischen Baumgruppen, weiten Rasenflächen und gewundenen Wegen, mit Rosenbeeten, Laubengängen und einer viel gepriesenen »dunklen Allee«. Begeistert äußerte sich im Jahr 1828 ein anonymer Reiseschriftsteller: »Dann trat ich in den von Ihrer Königlichen Hoheit, der jetzt regierenden Frau Landgräfin, erst vor wenigen Jahren neu angelegten englischen Garten, wo Natur und Kunst ... verschwistert weilen und worin sich die herrlichsten Gewächse und eine Flora der seltensten Blumengewinde ... durchkreuzen und lieblichen Duft verbreiten.« Nach Elizabeths Tod wurde der Englische Garten von ihrer Nichte und Erbin, der aus dem Hause Hessen-Homburg stammenden Fürstin Caroline von Reuß, im Jahr 1867 an die Frau des Homburger Spielbankdirektors, Marie Blanc, verkauft. Sie ließ mitten im Park das von Louis Jacobi entworfene Landgrafendenkmal mit der Inschrift »Euch bleibt Dank und ewiger Nachruhm« errichten, das heute noch in einer Stichstraße der Tannenwaldallee zu sehen ist. Der Englische Garten ging 1882 in das Eigentum der Frankfurter Familie Brüning über. Im Jahr 1919 wurde er von Prinz Adalbert von Preußen, einem Sohn Kaiser Wilhelms II., erworben, der ihn nach seiner Frau »Adelheidswerth« nannte. Heute ist die historische Parklandschaft weitgehend verschwunden: Das Gelände wurde 1958 parzelliert und zur Bebauung mit Einfamilienhäusern freigegeben. An vergangene Zeiten erinnert nur noch die denkmalgeschützte ehemalige Villa Brüning.

Der Kleine Tannenwald

»Weder die Villa Borghese noch Pamphili Doria, noch Neapel können diesem Garten gleichgestellt werden, wo Natur und Kultur gewetteifert haben, das Vollkommene hervorzubringen, obwohl er keine marmornen Statuen noch vergoldete Heilige hat«:

Daß die 1864 veröffentlichte, überaus enthusiastische Schilderung des »Kleinen Tannenwalds« nicht übertrieben war, belegen reizvolle Bilder und Stiche des 19. Jahrhunderts. Der Landschaftspark, den Landgraf Friedrich V. für seine Frau Caroline nach 1780 im anglo-chinesischen Stil anlegen ließ, erscheint auf den alten Ansichten als ein Gartenkunstwerk von großem Zauber, das den Zeitgeist der romantischen Empfindsamkeit in besonderer Weise verkörperte. Im Wechsel von Licht und Schatten boten sich dem Betrachter auf den unterschiedlich angelegten Wegen und kleinen Plätzen immer neue Naturbilder. Eine Kastanienallee führte vom Eingang zu einem von Laubengängen umgebenen prachtvollen Blumengarten. In der Mitte eines großen Teichs befand sich eine Insel, zu der man über zierliche Brücken gelangte: Zwischen üppigen Rosenbüschen stand hier ein eleganter offener Gartentempel mit zwölf Säulen aus weißgefaßtem und kunstvoll verziertem Holzwerk. Es gab auch ein chinesisches Gartenhäuschen, und andere kleine Architekturen.

Wasser – als Kaskade, in Brunnen und Bächen – war ein wichtiges Element in dieser komponierten Landschaft. Elizabeth erbte diesen Garten von ihrer Schwiegermutter, der Landgräfin Caroline, und erkor ihn bald zu ihrem bevorzugten Aufenthaltsort. Sie liebte ihren »little wood« sehr und gab viel Geld aus, um ihn durch eine Vielzahl blühender Gehölze weiter zu verschönern. Nach englischem Vorbild ließ sie dort ein »cottage« errichten, eine Meierei mit Wirtschaftgebäude, Schweizerhaus und einem kleinen Wohnhaus, das sie mit einer Chinoiserien-Sammlung ausstattete. Der Kleine Tannenwald ging 1866 in preußischen Besitz über und erlebte danach ein recht wechselvolles Schicksal, in dessen Verlauf die Gartenanlage leider völlig verwilderte. Einige Bad Homburger Bürger begannen sich in den achtziger Jahren dafür einzusetzen, den kulturhistorisch bedeutenden und heute unter Denkmalschutz stehenden Park, der in seinen Grundstrukturen immerhin noch erhalten ist, wiederherzustellen.

Forstgarten und Hirschgarten

Das ursprüngliche Erscheinungsbild weisen aber noch zwei Gärten auf, die ebenfalls in der Ära der englischen Landgräfin, östlich des Großen Tannenwalds zwischen 1820 und 1822 geschaffen wurden. Der Forstgarten wurde vor allem mit dendrologischen Absichten angelegt: Man pflanzte exotische Laub- und Nadelgehölze an, um ihre Verträglichkeit mit den hiesigen Bodenverhältnissen und Klimabedingungen zu testen. Eine Reihe seltener Bäume sind heute noch in prachtvollen Exemplaren erhalten. Neben dieser praktischen Funktion diente der Forstgarten der landgräflichen Familie als Ausflugsziel, die hier in einem abgeschiedenen, an einem Weiher gelegenen Teehaus zu picknicken pflegte. Hinter dem Forstgarten wurde in einem großen Waldstück, das schon vor 1698 als Wildgehege gedient hatte, ein umzäunter »Hirschgarten« angelegt und mit zwölf Hirschen bevölkert, die der Großherzog von Hessen dem Landgrafen zur Eröffnung im Jahre 1820 geschenkt hatte. Auf den breiten Wegen, die nach detaillierten Entwürfen des landgräflichen Wildmeisters mit verschiedenen »dem Auge durch Blüte und Blätter wohlgefälligen« Gehölzen und Obstbäumen bepflanzt waren, fuhr man in Kutschen durch den Hirschgarten und beobachtete die Tiere.

Gotisches Haus

Das »Gotische Haus« am Eingang zum Großen Tannenwald entstand um das Jahr 1825. Es verkörperte einen Baustil und -typus, der sich im 18. Jahrhundert in England entwickelt hatte und bald auch in englischen Landschaftsgärten auf dem Kontinent beliebt wurde: Ein berühmtes Beispiel ist das 1773 von Franz von Anhalt-Dessau im Wörlitzer Garten errichtete Gotische Haus. Elizabeths Begeisterung für die Neugotik läßt sich auf ihren Besuch bei Horace Walpole im Jahr 1795 zurückführen. Der Erfinder des Schauerromans, der sogenannten »gothic novel«, hatte mit seinem von 1753 bis 1776 errichteten Landhauses Strawberry Hill, das der Prinzessin als »eigenartiger und interessanter« Bau großen Eindruck machte, jenem historisierenden Stil zu großer Popularität verholfen.

Das Gotische Haus

Das Homburger Gotische Haus war als Jagdschloß gedacht und sollte bei den Ausflügen, die den Hof häufig in den Großen Tannenwald führten, im Speisesaal und in den Salons vierzig Gästen Platz bieten: Ein im Tannenwald gelegenes Gebäude mit einem derartigen Raumprogramm war bereits auf der Wunschliste verzeichnet, die Friedrich Joseph kurz vor seiner Hochzeit in London verfaßt hatte. Realisiert wurde das Gotische Haus als weißverputzter würfelförmiger Flachbau, der durch gotische Spitzbogenfenster harmonisch gegliedert und ebenso von Zinnen bekrönt war wie der kleinere rechteckige Oberbau mit seinen vier Ecktürmchen. Ein halbes Jahr nach Beginn der Bauarbeiten kam es im November 1823 zu einem schweren Unfall: Beim Einsturz eines Gerüstes verunglückten neun Zimmerleute, einer von ihnen starb, und danach schien das landgräfliche Paar die Freude an dem Bau verloren zu haben. Der Innenausbau mit den von Georg Moller entworfenen Dekorationen, die im Bad Homburger Stadtarchiv erhalten sind, wurde nicht vollendet.

Das Gotische Haus ging nach dem Aussterben der hessisch-homburgischen Linie 1866 in preußischen Besitz über und wurde von der Forstbehörde genutzt. In diesem Jahrhundert diente es vor allem als Gaststätte. Die häufig wechselnden Eigentümer veränderten das äußere Bild des Gotischen Hauses zum Schlechteren: So wurden die spitzbogigen Fenster schon im Jahr 1929 durch Normfenster ersetzt. Der 1969 drohende Abriß des Jagdschlosses, das nach den Plänen eines privaten Investors einem Hotel-Hochhaus weichen sollte, konnte in letzter Minute durch das Eingreifen der Denkmalschutzbehörde verhindert werden. Der inzwischen ziemlich heruntergekommene Bau brannte schließlich 1980 völlig aus. Nachdem die Stadt Bad Homburg das Gotische Haus übernommen hatte, wurde es in Anlehnung an die Originalpläne wieder aufgebaut. Heute zeigt sich dieses anziehende Beispiel gotisierender Bauweise im frühen 19. Jahrhundert wieder als architektonisches Schmuckstück. Auch die Gartenanlage entstand nach historischen Vorbildern.

Im Jahr 1908 weihten der deutsche Kaiser und der König von England gemeinsam das Marmordenkmal der Landgräfin Elizabeth von Hessen-Homburg am Ferdinandsplatz ein, das die Erinnerung an eine große Frau wachhält.

Politische Entwicklung unter den letzten Landgrafen

Erste demokratische Regungen

War das Ende des Hauses Hessen-Homburg schon abzusehen, als Landgraf Friedrich VI. Joseph 1829 kinderlos starb? Von den sechs Brüdern, die einst als strahlende Helden in den Freiheitskriegen gegen Napoleon gekämpft hatten, lebten nun noch vier, die zwischen 46 und 58 Jahren alt waren, aber Gustav war der einzige, der Nachkommen hatte.

Die vier letzten Landgrafen, die von 1829 bis 1866 ihren seit dem Wiener Kongreß wieder souveränen Kleinstaat regierten, praktizierten einen ähnlich patriarchalisch-absolutistischen Herrschaftsstil wie ihre beiden unmittelbaren Vorgänger. Aber die Ideen von einer neuen Gesellschaft, in der bürgerliche Freiheit und rechtliche Gleichheit durch eine Verfassung zu garantieren seien, drangen allmählich auch nach Homburg. Zunächst blieb es in der Landgrafschaft trotz der Nähe zu den revolutionären Zentrens Hessens, wo die Pariser Julirevolution von 1830 zum Signal für Georg Büchner oder Ludwig Börne geworden war, aber erstaunlicherweise noch ruhig. Erst im Frühjahr 1831 wurden in der Residenzstadt Homburg politische Flugblätter verteilt, die gegen das »unerträgliche Fürstenjoch« eintraten und eine neue staatliche Ordnung forderten. Wie die Bevölkerung reagierte, ist nicht überliefert. Die Regierungsbeamten von Landgraf Ludwig (1770–1839), der 1829 die Nachfolge seines Bruder Friedrich VI. Joseph angetreten hatte, protestierten jedenfalls in scharfer Form gegen die Flugblätter. Zwei Jahre später planten die Söhne des angesehenen landgräflichen Oberhofpredigers Breidenstein eine Militär-Revolte, die allerdings von der landgräflichen Regierung schon im Keim erstickt wurde.

Landgraf Ludwig: Zollverein und kurze Ehe

Landgraf Ludwig, der seit 1814 als preußischer Gouverneur die Bundesfestung Luxemburg leitete und dieses Amt auch beibehielt, war zwar relativ selten in Homburg, traf aber gleichwohl einige wichtige Entscheidungen: Auf sein Betreiben trat die Landgrafschaft 1835 in den deutschen Zollverein ein und gewann dadurch zumindest theoretisch den Anschluß an das große deutsche Wirtschaftsgebiet. Von seinen Verdiensten um die Entwicklung Homburgs zum erfolgreichen Kurbad wird noch die Rede sein. Das Privatleben Ludwigs war allerdings traurig: Nur mit viel gutem Zureden – vor allem seiner Schwester Marianne – hatte er sich zu einer Vernunftehe mit Prinzessin Auguste Amalie von Nassau–Usingen (1778–1846) entschlossen. Die Hochzeit im Jahr 1804 stand unter keinem guten Stern. Auch Auguste Amalie heiratete Ludwig nur auf Wunsch ihrer Eltern, denn sie liebte einen anderen, allerding nicht ebenbürtigen Mann: Zu dem jungen Leutnant Friedrich Wilhelm von Bismarck kehrte sie nach der Scheidung 1805 zurück und wurde zwei Jahre später seine Frau. Ludwig heiratete nie wieder und starb 1839.

Landgraf Philipp und die »Steirische Venus«

»Sonderbar ist, daß wir Alle an den Nerven leiden«, schrieb Landgraf Philipp (1779–1846), von seinem Krankenlager im Jahr 1839 an den Bruder Ferdinand. Erst einige Zeit nach Ludwigs Tod konnte er die Regierung übernehmen. Philipp hatte als Feldmarschall der östrreichischen Armee die höchste Karrierestufe erreicht und war von 1821 bis 1825 Gouverneur und Kommandant in Neapel.

Am russisch-türkischen Krieg nahm er als Bevollmächtigter Österreichs teil und kehrte hochdekoriert nach Graz zurück, wo er Kommandierender General war. Dort lernte er Antonie Rosalie Pototschnig, die Witwe des k. u. k. Gubernialsekretärs Josef Freiherr Schimmelpfennig von der Oye kennen, die aus einer bürgerlichen Familie stammte und wegen ihrer auffallenden Schönheit »Steirirische Venus« genannt wurde. Im Alter von fast 60 Jahren heiratete Philipp 1838 die 28 Jahre jüngere Frau, die nach den hessisch–homburgischen Hausgesetzen nicht ebenbürtig war.

Antonie Rosalie wurde von seinem damals regierenden Bruder Ludwig zwar zur Gräfin von Naumburg ernannt, von der landgräflichen Familie aber zeitlebens mit äußerster Kühle behandelt. Die Ehe blieb kinderlos.

Verfassungswünsche

So unkonventionell sich Philipp bei der Wahl seiner Ehefrau zeigte, so unverrückbar und reaktionär war sein Selbstverständnis als absolutistischer Landesherr. Den immer wieder geäußerten Wünschen der Bürger, in Homburg eine landständische Verfassung einzuführen, die nach der deutschen Bundesakte von 1815 ohnehin längst überfällig war, stand er verständnislos gegenüber: »...auch ohne geschriebene Verfassung verpflichten wir uns gern zu gerechter und segensreicher Regierung, denn das Wohl der Unterthanen und das des Landgrafen sind unzertrennlich« hieß es 1841 in seiner Antwort auf ein Bittschreiben des Stadtrats. Ähnlich autokratisch reagierte er auf einen erneuten Vorstoß im Jahr 1844: Er wolle sich »so wenig wie 1841 den Bundesgesetzlichen Bestimmungen wegen Einführung einer landständischen Verfassung entziehen«, habe aber die Überzeugung gewonnen, daß eine »Repräsentativverfassung den Verhältnissen des Landes durchaus unangemessen und schlechterdings unausführbar seien.« Gleichwohl verliere er die Verfassungsfrage nicht aus dem Auge, teilte seinen Untertanen aber auch unverblümt mit, »...daß er landständische Einrichtungen lediglich nach seinem völlig freien Ermessen und eigener Entschließung gewähren werde...«

Überall in Hessen gab es schon längst Verfassungen, als Philipp mit seiner starren Haltung die Entwicklung einer freiheitlichen staatlichen Ordnung in der Landgrafschaft immer noch verzögerte. Dennoch hat er eine bedeutende Rolle in der Geschichte der Residenzstadt gespielt: Sein Entschluß, den Brüdern Blanc die Spielbank-Konzession zu erteilen, sollte zu einem enormen wirtschaftlichen, baulichen und kulturellen Aufstieg in Homburg führen.

Landgraf Gustav

Davon war in den ersten Jahren der Spielbank allerdings noch wenig zu spüren. Als Landgraf Gustav (1781–1848) nach Philipps Tod 1846 die Regierung übernahm, war die wirtschaftliche Lage der meisten seiner Untertanen schlecht. Mehrere Mißernten hatten die Lebensmittelpreise enorm in die Höhe getrieben. Der Landgraf ließ Brot und Holz verteilen, die Brüder Blanc spendeten 1.000 Gulden für die Bedürftigsten, eine »Local-Armen-Commission« bemühte sich darum, die schlimmste Not zu lindern, die mehrere Homburger Familien veranlaßte, nach Amerika auszuwandern. Die Unzufriedenheit mit den mißlichen Verhältnissen wuchs, die landgräfliche Regierung befürchtete einen Aufstand und setzte Militärpatrouillen ein.

Beginn der konstitutionellen Entwicklung

Die Pariser Revolution von 1848 zeigte ihre Auswirkungen in Homburg sehr viel schneller als die früheren französischen Ereignisse. Schon nach wenigen Wochen fand eine Bürgerversammlung in der Residenzstadt statt, wo man eine neuerliche Eingabe formulierte. Die Forderungen umfaßten Pressefreiheit, Öffentlichkeit der Schwurgerichte, ein allgemeines deutsches Parlament, das Recht auf freie Volksversammlung, bürgerliche und politische Gleichheit ohne Ansehen des Glaubens, Volksbewaffnung, politische Amnestie und die Aufhebung der privilegierten Gerichtsstände. Wichtige Punkte waren die Einführung einer zeitgemäßen Gemeindeordnung mit freier, selbständiger Verwaltung und der »höchsten Orts wiederholt versprochenen« landständischen Verfassung, das Recht zur freien Wahl eines Landtagsabgeordneten und ein gerechtes Steuergesetz. Gefordert wurde außerdem, daß die Accise (Verbrauchssteuer) den Gemeinden zufließe und daß Hessen-Homburg das großherzoglich-hessische Zehnt- und Grundrenten-Ablösungsgesetz von 1836 übernehme.

Diese Eingabe wurde dem Landgrafen am 5. März von einem Bürgerausschuß überreicht, dem etwa 500 Homburger in einem langen Zug folgten. Daß sich Landgraf Gustav sofort mit den Forderungen einverstanden erklärte, löste großen Jubel aus.

Der niemals blühende Baum

»Unsere Familie kommt mir vor wie ein Baum, der niemals blüht« schrieb Gustav 1807 fast prophetisch in einem Brief, wenn er damit auch meinte, daß noch keiner der sechs Brüder eine Familie gegründet hatte. Mit Prinzessin Louise Friederike von Anhalt-Dessau, der Tochter seiner Schwester Amalie verheiratet, war er schließlich der einzige, der Kinder bekam: Die älteste, Caroline, ehelichte den Fürsten Heinrich XX. von Reuß, die zweite Tochter Elisabeth war schwachsinnig. Das jüngste Kind, der 1830 geborene Erbprinz Friedrich starb Anfang 1848, ein halbes Jahr vor seinem Vater.

Landgraf Ferdinand

Ferdinand (1783–1866) machte als Kavallerist in der österreichischen Armee eine glänzenden Karriere und kehrte 1825 hochdekoriert nach Homburg zurück. Hier erbat er sich die Wohnung über der Orangerie, in der er mit seinem Leibjäger und dem Reitknecht bis zu seinem Tod lebte. Er verließ sein vergleichsweise bescheidenes Domizil auch nicht, als er, der letzte überlebende der sechs landgräflichen Brüder, mit 66 Jahren der Nachfolger seines Bruders Gustav wurde.

Landgraf Ferdinand war noch tief in der alten feudalen Ordnung verwurzelt und stand den neuen politischen Strömungen mit äußerstem Mißtrauen gegenüber. So handelte er gegen seine wahrhaft konservative Überzeugung, als er die von Gustav gegebenen politischen Zusagen einlöste.

Das rasche Ende eines Verfassungsstaats

Die erste konstituierende Sitzung des Landtags von Hessen-Homburg fand am 11. April 1849 statt. Die Abgeordneten berieten über die Verfassung der Landgrafschaft, einigten sich darauf, die Reichsverfassung anzuerkennen und beschlossen die Gemein-

Die Orangerie, einst Wohnsitz des Landgrafen Ferdinand

deordnung. Aber die nächsten Sitzungen wurden immer wieder, meist von der landgräflichen Regierung, vertagt. Schließlich trat der Landtag nur noch einmal zusammen. Auf seiner letzten Sitzung im Winter 1849 verabschiedete er noch die Verfassung sowie Wahlgesetz und Geschäftsordnung des Parlaments. Als mit dem Ende der Nationalversammlung die von ihr beschlossene Reichsverfassung mit den »Grundrechten des deutschen Volkes« nicht zum Tragen kam, hatte auch diese erste, aus freien Wahlen hervorgegangene Homburger Volksvertretung keine Chancen mehr. 1852 wurde die Verfassung der Landgrafschaft Hessen-Homburg aufgehoben, die kurze liberal-demokratische Phase in der Homburger Geschichte des 19. Jahrhunderts war zu Ende.

Für Ferdinand war nun die Welt wieder in Ordnung, er sah sich in seinen alten Status eines autoritär regierenden Landesherrn zurückversetzt, der gleichwohl von seinen Untertanen geliebt und verehrt wurde. Der letzte Homburger Landgraf starb am 24. März 1866.

Mit seinem Tod war das Haus Hessen-Homburg, das den kleinen Staat 244 Jahre lang regiert hatte, erloschen. Die Landgrafschaft fiel an Hessen-Darmstadt zurück, mußte aber nach dem preußisch-österreichischen Krieg noch im selben Jahr an Preußen abgetreten werden. Homburg wurde Kreisstadt des 1867 aus den Ämtern Königstein, Usingen und Homburg gebildeten Obertaunuskreis und Sitz des Landrats.

Das Goldene Zeitalter

Dr. Eduard Trapp und die Heilquellen

»...die reine, von den Bergen herabströmende Luft, vermischt mit den balsamischen Düften der Niederungen, der Wiesentäler und Nadelholzwaldungen...« pries Medizinalrat Trapp 1837 in dem Buch »Homburg und seine Heilquellen« geradezu überschwenglich: Sie erzeuge eine Atmosphäre, die »...auch ohne Gebrauch der Bäder sehr wohlthätig zusagt, die Reizbarkeit der Nerven mindert und im Verein mit dem erhebenden Anblick der ruhigen Landschaft den bekümmerten Nervenschwachen, den Hypochondristen in jene aufheiternde Stimmung bringt, welche so wesentlich den Erfolg von Brunnen- und Badekuren fördert...«

Der aus einer alten hessischen Beamtenfamilie stammende Dr. Eduard Christian Trapp (1804–1854) hatte als junger Arzt zunächst in Rüsselsheim und Paris praktiziert. Nach einer Expedition in das choleraverseuchte Galizien war er für kurze Zeit Professor in Gießen, bis er im Jahr 1833 zum zweiten Physikatsarzt in Homburg berufen wurde. Und am 24. Juni 1834 fand er auf dem Weg zu einem Patienten eine verschüttete Quelle wieder, die – wie man später feststellte – als »unterster Salzbrunnen« oder »Niederbrunnen« bereits im Jahr 1660 zum ersten Mal erwähnt worden war. Trapps Entdeckung dieses Brunnens, der später zu Ehren der englischen Landgräfin den Namen Elisabethenbrunnen erhielt, kann als die eigentliche Geburtsstunde des Kurorts Homburg gelten.

Erste Projekte

Eine Mineralquelle hatten spielende Kinder schon im Jahr 1809 gefunden, die Landgraf Friedrich V. Ludwig als Ludwigsbrunnen »zum wohltätigen Gebrauch der leidenden Menschheit fassen und einrichten« ließ. Ein kleines Brunnenhaus wurde gebaut, aber der optimistisch begonnene Badebetrieb entwickelte sich damals nur äußerst schleppend, und die erhofften Einnahmen blieben aus. Auch die Pläne seines Sohnes und Nachfolgers, Landgraf

Elisabethenbrunnen

Friedrichs VI. Joseph, aus Homburg einen blühenden Kurort nach dem Vorbild von Wiesbaden, Baden-Baden oder dem belgischen Spa zu machen, scheiterten bald: Die 1824 gegründete »Gewerkschaft der Salinen- und Badeanstalt Liepmann und Bouchet«, die auch eine Spielbank-Konzession erhalten hatte, ging fünf Jahre später in Konkurs.

Salinische Säuerlinge

Von der besonders heilkräftigen Wirkung »seines« Elisabethenbrunnens war Eduard Trapp sofort überzeugt: »Noch im Sommer 1834 glaubte der Verfasser in dem Brunnen die Eigenschaften zu finden, welche die innere Anwendung eines solchen Wassers, neben reichlichem Gehalt salinischer Bestandteile, vielem Eisen und großem Reichtum an Kohlensäure empföhle.« Die landgräfliche Regierung ließ den Elisabethenbrunnen mit einer Einfassung versehen, und »schon im April des folgenden Jahres (1835) tranken mehrere Kranke mit bestem Erfolg dies Wasser«, berichtete Trapp: »Ihrer Wirkungsart nach gehören die salinischen Säuerlinge wie die Elisabethenquelle zu den kräftig auflösenden, die Säftemassen umändernden, zur regeren Tätigkeit hinführenden Mitteln, mit denen eine sorgfältige Diät zu verbinden ist.«

Wissenschafliches Wasser-Lob: Justus von Liebig

Nichts geht über das wissenschaftliche Gutachten eines prominenten Experten: Und so schlug Trapp im Jahre 1836 dem Landgrafen Ludwig Wilhelm vor, den großen Gießener Chemiker Justus von Liebig um eine Analyse des Homburger Elisabethen-Wassers zu bitten. Professor Liebigs Urteil fiel enthusiastisch aus: »Es möchte wohl in Deutschland schwer sein, ein Mineralwasser zu finden, welches gleichen Reichtum an wirksamen Bestandteilen mit dem Homburger Mineralwasser darzubieten vermöchte.« Seine goldenen Worte sind noch heute auf einer Marmortafel im Architrav des Brunnenhauses der Elisabethenquelle zu lesen. Liebig war überhaupt sehr angetan von Homburg, pries die herrliche Lage, die »ausgezeichneten und bekannten Ärzte«, die Freundlichkeit der Bewohner und das gesellige Leben in höchsten Tönen und kehrte von seinem Besuch offensichtlich äußerst ungern nach Gießen zurück: »...wir sind hier wie auf Robinsons Insel verlassen und einsam wie begraben. Der Unterschied zwischen Homburg und hier ist wie Paradies und Hölle«, schrieb er am 30. September 1836 an seinen Gastgeber.

Mühsame Anfänge eines Bades

Mit Marketingmethoden, die nach heutigen Begriffen beispielhaft waren, setzte sich der weltläufige und umtriebige Trapp nun unermüdlich für das neue Kurbad ein, veröffentlichte seine Homburg-Bücher und hielt während der Wintermonate in rheinischen und holländischen Städten Vorträge über die Heilkraft der Homburger Quellen.

Der Kurbetrieb, von dem sich das landgräfliche Haus schon seit Jahren eine Verbesserung der miserablen wirtschaftlichen Lage im homburgischen Land erhoffte, lief aber trotz Trapps intensiver Bemühungen nur langsam an. Die Zahl der Gäste hielt sich zunächst immer noch in bescheidenen Grenzen, auch waren »keine hohen Standespersonen darunter«, wie der Homburger Chronist Hamel betrübt konstatierte. Die meisten Besucher kamen aus Frankfurt und Darmstadt, einige auch aus England, die vermutlich noch von Landgräfin Elizabeth akquiriert worden waren.

Georg Mollers Kurhaus-Pläne

Das, was man heute Infrastruktur nennt, war in dem jungen Kurbad kaum vorhanden: Es gab nur ein paar Hotels und Restaurants; verschiedene neue Spielbankprojekte hatten sich im Lauf der Jahre immer wieder zerschlagen. Interessenten wie der Schlangenbader Pächter Jodocus Kersting (»Der Badeort erhält nur durch das Roulettespiel die Würze«) hatten zwar die richtige Erkenntnis, aber leider nicht genug Kapital für die erforderlichen Investitionen. Daß Homburg dringend ein elegantes Kurhaus mit Spielsälen, Gesellschaftsräumen und Restaurants, mit Theater und Konzertsaal brauchte, um sich zu einem attraktiven und konkurrenzfähigen Bad zu entwickeln, war dem damals regierenden Landgraf Ludwig und seiner Regierung durchaus bewußt. Nur: es war kein Geld da. Und so konnten auch die Pläne des großherzoglich hessischen Hof- und Baurats Georg Moller nicht realisiert werden: 1830 hatte er einen ersten Entwurf für ein bestechend schönes klassizistisches Kursaalgebäude vorgelegt.

Ein Orden für das Brunnensälchen

Ein sehr viel bescheideneres Projekt wurde immerhin Wirklichkeit: Im Jahr 1838 entstand das ebenfalls von Moller entworfene Brunnensälchen, eine Art Miniatur-Kurhaus. Bei der Finanzierung dieses schlichten und anmutigen klassizistischen Gebäudes, dessen architektonischer Charme trotz einiger moderner Anbauten auch heute noch erkennbar ist, spielte der Zufall eine erstaunliche Rolle: Als zu jener Zeit im landgräflichen Archiv aufgeräumt wurde, stieß ein Hofbeamter auf eine Kiste, die Anastasia von Hessen-Homburg nach dem frühen Tod ihres Ehemanns Ludwig Gruno (1705–1745) aus Sankt Petersburg ins Homburger Schloß geschickt hatte. Nach beinahe hundert Jahren fand sich zwischen staubigen Akten und anderen Papieren nun ein reich mit Brillanten und Edelsteinen verzierter russischer Orden: Vermutlich war es der Andreas-Orden, mit dem Zarin Elisabeth den hessisch-homburgischen Erbprinzen Ludwig Gruno im Jahr 1834 für seine Verdienste in der zaristischen Armee ausgezeichnet hatte.

Für Landgraf Ludwig war dieser Fund eine hochwillkommene Überraschung: Ohne falsche Sentimentalität bot er den Orden seines Großonkels in Frankfurt zum Verkauf und verwendete den Erlös von 3.500 Gulden für den Bau des Brunnensälchens. Georg Moller war auch der Architekt der schmucken »Villa Trapp«, die sich der Medizinalrat 1839/40 als Wohnhaus und Quartier für hohe Kurgäste bauen ließ: Im Sommer 1844 wohnten Prinz Wilhelm von Preußen, der spätere Kaiser Wilhelm I. und seine Frau Augusta hier, – inkognito als Graf und Gräfin von Lingen.

Das Brunnensälchen, die heutige Spielbank

Das Trappsche Haus an der Promenade wurde vor einigen Jahren vorbildlich restauriert.

Zauberformel Kuren und »Jeuen«

Justus von Liebig hatte schließlich nicht unrecht, als er früh prophezeite, »...daß diese Stadt eins der beliebtesten und besuchtesten Badeörter werden wird, sobald die unleugbare Wirksamkeit seiner Mineralquellen durch häufigere Benützung, so wie sie es verdient, bekannter geworden ist.« Aber es waren nicht die Heilkraft des Wassers und die – heute noch vielgerühmte – Champagnerluft, die Homburg um die Mitte des vergangenen Jahrhunderts zum Modebad der europäischen Aristokratie aufsteigen ließen. Die Zauberformel für diesen Erfolg lag in der Verbindung von Kuren und »Jeuen«. Als am 23. Mai 1841 im Brunnensälchen (das seit 1949 wieder als Spielbank dient) zum ersten Mal die Roulettekugel rollte und gleichzeitig die Grundsteinlegung für das Kurhaus mit einem großen Fest gefeiert wurde, erwachte das Residenzstädtchen aus einem jahrhundertelangen Dornröschenschlaf: Das goldene Zeitalter Homburgs begann.

Die Brüder Blanc – Dunkle Anfänge einer großen Karriere

Die entscheidende Rolle für diesen wundersamen Aufschwung spielten die Spielbankpächter Louis und vor allem François Blanc, der »Zauberer von Homburg und Monte Carlo«, dessen erstaunliche Karriere Egon Caesar Conte Corti in seinem Roman geschildert hat. Sie wurden 1806 als nachgeborene Zwillingssöhne eines armen Steuereinnehmers in Courtheçon bei Avignon geboren. Schon in jungen Jahren betrieben sie in Bordeaux ihre ebenso einfallsreichen wie fragwürdigen Bankgeschäfte: Um schneller als die Konkurrenz zu erfahren, wie die Kurse der französischen Staatsrenten an der Pariser Börse standen, bestachen sie Postbeamte des staatlichen Depeschendienstes. Seit 1823 übermittelte dieser »télégraphe aérien« die Telegramme über eine durchlaufende Reihe von Türmen, wobei ausschwenkbare Arme die einzelnen Buchstaben nach einem bestimmten Code signalisierten. Bei klarem Wetter dauerte das von Paris nach Bordeaux nur wenige Stunden. Diesen Signaldienst für private oder geschäftliche Zwecke zu benutzen, war allerdings streng verboten.

Die Blancschen Helfershelfer in Paris, Orléans und Bordeaux wurden nun dafür bezahlt, daß sie in den Staatstelegrammen ein H (für Hausse) oder ein B (für Baisse) einfügten und sicherheitshalber mit einem unverdächtigen Berichtigungszeichen markierten. Diese Informationen wurden den Brüdern sofort zugespielt, und auf diese Weise hatten die beiden cleveren Jungbankiers einen unschlagbaren Zeitgewinn: Mehrere Tage, bevor die Nachrichten über die aktuellen Börsenkurse mit der Pferdepost bei den anderen Banken in Bordeaux eintrafen, konnten sie ihre Wertpapiergeschäfte disponieren und dank dieser Methode in den Jahren 1834 bis 1836 enorme Gewinne für sich verbuchen.

Als die raffinierten Machenschaften eines Tages nur deshalb aufflogen, weil einer der bestochenen Telegraphenbeamten auf dem Sterbebett sein Gewissen erleichterte und alles preisgab, kam es zu einem peinlichen Prozeß. François und Louis Blanc wußten sich jedoch mit Geschick zu verteidigen: Auch der große Bankier und Spekulant Rothschild benutze Sonderkuriere, Brieftaubenpost und internationale Geheimdienste bei seinen Geldgeschäften und werde gleichwohl bei Hofe empfangen.

Das Gericht verurteilte die Zwillingsbrüder im März 1837 wegen Bestechung, bestrafte sie aber nur damit, daß sie die relativ geringen Prozeßkosten zu tragen hatten. Sie durften jedoch ihre trickreich erworbenen Spekulationsgewinne behalten, die einige Jahre später zur Grundlage ihres unglaublichen Aufstiegs werden sollten. Trotz dieses glimpflichen Ausgangs hatte der Prozeß aber so viel Staub in Bordeaux aufgewirbelt, daß die Blancs beschlossen, nach Paris überzusiedeln.

»Ni rouge, ni noir, c'est toujours Blanc, qui gagne«

In der französischen Hauptstadt führten sie ihre Börsengeschäfte fort, gingen oft ins Casino und gewannen hier die für ihr weiteres Leben so wichtige Erkenntnis, daß Roulette und »Trente et Quarante« vor allem für die Spielbank ein sicheres und ertragreiches Geschäft waren. »Ni rouge, ni noir, c'est toujours Blanc, qui gagne« (Weder rot noch schwarz, es ist immer Blanc, der gewinnt) sollte später zum geflügelten Wort unter den Spielern werden. Als in Frankreich Anfang Januar 1838 alle Spielbanken schließen mußten, eröffneten die Brüder ein kleines Casino in Luxemburg, wo Landgraf Ludwig von Hessen-Homburg damals Gouverneur und Festungskommandamt in preußischen Diensten war. Vielleicht kam es mit ihm schon zu ersten Gesprächen über die Eröffnung einer Spielbank in Homburg. Feststeht, daß Louis Blanc am 14. Juli 1840 im Homburger Hotel d'Angleterre abstieg. Die Residenzstadt wirkte beim ersten Blick zwar wie »une bougarde sauvage«, ein wildes Drecksnest, auf ihn. Aber ein genialer Spürsinn muß ihm gesagt haben, daß er hier das Geschäft seines Lebens machen würde. Brieflich bat er um eine Audienz bei Hofe, »...de communiquer un projet d'un Curhaus, où les étrangers pourraient trouver toutes les distractions possibles.« (... um das

Projekt eines Kurhauses zu besprechen, wo die Fremden alle denkbaren Zerstreuungen finden könnten...)

Roulette und Harmoniemusik: Der Pachtvertrag

Wenige Wochen nach diesem ersten Gespräch schlossen die Blancs mit Landgraf Philipp, dem Nachfolger seines 1839 verstorbenen Bruders Ludwig, einen Pachtvertrag, der ihnen die Spielbank-Konzession sowie die Rechte an den Quellen und den beiden bestehenden Brunnenhäusern für dreißig Jahre sicherte. Sie verpflichteten sich, ein Kurhaus nebst einem »öffentlichen englischen Park« für mindestens hundertausend Gulden zu errichten, das bis Ende 1842 fertigzustellen war und danach in den Besitz des Landgrafen überging, von dem die Brüder Blanc es wiederum pachteten. Mit großer Umsicht wurden in diesem Vertrag alle möglichen Details geregelt: »Die Herren Gebrüder Blanc haben in dem Kurhaus ein gutes Billard, ein Lesekabinett mit französischen, englischen und deutschen Zeitschriften, dazu einen guten Restaurateur zu unterhalten,« lautete Paragraph 9, »und überhaupt alles darin zu vereinigen, was den Fremden angenehm und nützlich sein kann.« Zudem mußten die Pächter sich »verbindlich machen, während der Kurzeit eine gute Harmoniemusik auf ihre Kosten unterhalten zu lassen.«

Die jährliche Pachtsumme für den Kurbetrieb, in der die Konzession für die Spielbank enthalten war, sollte im ersten Jahrzehnt zweitausend Gulden betragen, sechstausend im zweiten und zehntausend im dritten Jahrzehnt. Für die landgräfliche Regierung war der Gewinn also relativ gering: Offenbar hatte sie großes – wie man aus der Rückschau weiß, auch berechtigtes – Vertrauen in den Erfolg des Blancschen Unternehmens, das die langersehnte Entwicklung Homburgs zum beliebten Kurbad und damit hochwillkommene neue Steuereinkünfte versprach. Die Aussichten, daß so die wirtschaflichen Nöte des verarmten und hochverschuldeten Landes und seiner Bewohner bald ein Ende fänden, waren für Landgraf Philipp wohl der einzige Grund, sich mit den Brüdern Blanc einzulassen. Denn die finanzielle Situation der Residenz war gerade zu jener Zeit äußerst prekär: Im Januar

1840 war Landgräfin Elizabeth gestorben, und seither blieben ihre Apanagen aus, die zwanzig Jahre lang der einzige stabile Faktor im Homburger Staatshaushalt gewesen waren.

Landgräfliche Distanz

Im Grunde seines Herzens war Philipp aber das Glücksspiel mit seinem moralisch anrüchigen »Ludergeruch« genauso verhaßt wie vielen seiner Zeitgenossen. So hat er auch die Homburger Spielbank nie betreten und soll die prachtvolle Fürstenloge im neuen Kurhaus nach der feierlichen Einweihung genauso konsequent gemieden haben. Seinen Landeskindern verbot er den Zugang zum Casino unter Androhung empfindlicher Strafen. Aber der Jubel in der Bevölkerung war gleichwohl groß, als im August 1840 die Spielbank-Konzession erteilt wurde, und der Chronist Johann Georg Hamel berichtet von wahren Freudenfeiern im Städtchen.

Als es an die Planung des neuen Kurhauses ging, blieben die so attraktiven Entwürfe, die Georg Moller im Auftrag des Landgrafen Ludwig in den Jahren 1830–1833 bereits bis zur Baureife ausgearbeitet hatte, erstaunlicherweise in der Schublade: Eine gewisse innere Distanz Landgraf Philipps zu dem Blancschen Projekt eines rein kommerziellen Vergnügungsetablissements zeigte sich wohl auch darin, daß er es zwar genehmigte, aber bewußt keinerlei Einfluß auf dessen Realisierung nahm.

Zauberer von Homburg

Louis Blanc (1806–1850) hatte die ersten Verhandlungen geführt und ging dann nach Frankreich zurück, während sein Zwillingsbruder François 1841 nach Homburg zog, um sich dem Kurhausbau und der aufblühenden Spielbank zu widmen. Zunächst quartierte er sich beim Hofjägermeister von Brandenstein ein und bewohnte später die erste Etage im Haus des landgräflichen Bauinspektors und Moller-Schülers Georg Westerfeld in der Louisenstraße.

»Er hatte kleine, graue, tiefliegende Augen, die einen etwas lauernden Ausdruck trugen, aber durch Goldbrillen verdeckt waren«, beschreibt ihn Corti: Marderaugen waren es für jene unglücklichen Spieler, die ihr ganzes Geld im Casino verloren und den »Zauberer von Homburg« mit einem bitteren Wortspiel als gierigen Marder charakterisierten, der seine Opfer »saignait à blanc« (bis aufs Blut aussaugte).

François Blanc (1806–1877) sah sich natürlich ganz anders. Auf Gemälden und frühen Daguerrotypien tritt er im großbürgerlichen Nadelstreifen-Habitus eines seriösen Geschäftsmanns auf, mit Weste, goldener Uhrkette und Vatermörder im Stil der Zeit gediegen angetan. Als Hinweis darauf, daß er sich zeitlebens vor allem als Bankier verstand, können seine Untersuchungen zu monetären Themen wie »les capiteaux de garantie« oder »de l'influence de l'amortissement sur le crédit public« gelten, die er von Homburg aus in Paris publizierte. Seine Spielbank-Geschäfte in Homburg betrieb der so wagemutige wie kühl rechnende Unternehmer mit allergrößter Umsicht, – der sagenhafte finanzielle Erfolg sollte bald die kühnsten Erwartungen übertreffen. Und schließlich machte er Homburg zur »Mutter von Monte Carlo«, dessen Casino er 1863 mit seinem in der Landgrafenresidenz erworbenen Kapital übernahm.

Métiviers klassizistisches Kurhaus

»...das Kurhaus, nah und schön gelegen, ist mit Pracht und Geschmack eingerichtet, hat schöne Säle, dem Garten zu eine herrliche Terrasse...« notierte 1844 der Schriftsteller Karl August Varnhagen von Ense (1785–1858) in seinem Tagebuch: Wie berechtigt sein Lob und die allgemeine Bewunderung für den attraktiven Neubau waren, wird auf zeitgenössischen Stichen und Fotografien anschaulich. Daß die Blancs den königlich bayerischen Hofbaurat Jean Baptiste Métivier (1781–1852) mit der Planung des Homburger Kurhauses beauftragten, erwies sich als glänzende und folgenreiche Idee: Métiviers Architektur mit ihren schlichten klassizistischen Formen sollte neben Mollers Bauten zum stilprägenden Vorbild für die zahlreichen Hotels und Privathäuser werden, die in der Homburger Blütezeit entstanden und seither zum Charme des Stadtbilds beitragen.

Der aus Frankreich stammende Architekt stand zwar im Schatten der beiden großen Münchner Baumeister Leo Klenze und Friedrich Gärtner, erwarb sich aber mit den hübschen Stadtpalais, die er für den bayerischen Adel in der Hauptstadt baute, ein beachtliches Renommee. Auch der Marstall in der Regensburger Residenz der Fürsten Thurn und Taxis war sein Werk.

Das in den Jahren 1841 bis 1843 nach Métiviers Plänen erbaute »Kursaalgebäude« hatte einen überaus herrschaftlichen und geradezu schloßähnlichen Charakter. Es war eine Architektur von würdiger Eleganz, deren Wirkung auf den harmonischen Proportionen und den klar gegliederten Bauformen des späten Klassizismus beruhte. Der Mittelbau, der zwischen zwei niedrigeren Flügeln stand, erweiterte sich zur Louisenstraße hin zu einer offenen Arkadenhalle, die als Einfahrt diente. Darüber erhob sich eine ebenfalls offene säulengeschmückte Loggia: Palladios Einfluß wurde auch an diesem repräsentativen zentralen Vorbau deutlich erkennbar.

Hinter der Loggia öffneten sich Flügeltüren zur »salle des princes«, die nach damaligem Urteil »mit eben so viel Eleganz als modernstem Geschmack« ausgestattet war. Die Raumwirkung des prachtvollen hohen Kursaals mit seinen Galerien und den entzückenden klassizistischen Dekorationen muß beeindruckend gewesen sein. Neben weiteren Gesellschaftsräumen gab es im Kurhaus natürlich Spielsalons, ein Restaurant und Café, Lese- und Billardzimmer und eine »tabagie« für die Raucher. Auf der Parkseite führte eine breite Treppe von der großen Terrasse zu den Gartenanlagen, die nach den Plänen von Maximilian Friedrich Weyhe, dem preußischen Gartendirektor und Erneuerer des Düsseldorfer Hofgartens entstanden.

Das erste Spielbankverbot

Die Rechnung ging auf: Mit dem prächtigen neuen Kurhaus wurde Homburg zum beliebten Reiseziel der mondänen Welt. Saison war immer: Auch im Winter konnte man »jeuen«, und das erhöhte die Anziehungskraft enorm. Aber die erfreuliche Entwicklung schien bereits nach wenigen Jahren ernsthaft bedroht. Die schroffe Ablehnung des Glücksspiels war damals in der deutschen Bevölkerung weitverbreitet. »Das Spiel ist ein arsenikalisches Laster« wetterte der Abgeordnete und Philosophieprofessor Friedrich Theodor Vischer in der Frankfurter Paulskirche, »ein giftiges Sublimat der Sinnlichkeit, das den Staat zum Kuppler macht und das der Prostitution gleichzustellen ist.« Am 8. Januar 1849 beschloß die Nationalversammlung in der Frankfurter Paulskirche, daß alle öffentlichen Spielbanken in Deutschland zum 1. Mai dieses Jahres zu schließen seien.

In Homburg, wo man das jähe Ende des kaum begonnenen wirtschaftlichen Aufschwungs fürchtete, schlug diese Nachricht wie eine Bombe ein, und die Empörung war groß: Stadtrat und Bürger protestierten genauso heftig wie François Blanc, der das brüderliche Unternehmen zwei Jahre zuvor in eine Aktiengesellschaft umgewandelt hatte und enorme Entschädigungsforderungen ankündigte. Und der Landgraf erklärte, daß er als souveräner Herrscher eine solche Einmischung in die inneren Angelegenheiten seines Landes keinesfalls dulde.

Als der 1. Mai kam, wurden alle Spielbanken in Deutschland geschlossen, – nur in Homburg rollte weiterhin die Roulettekugel, als ob nichts geschehen sei. Sechs Tage später wurde es dramatisch: Eine achthundert Mann starke Bundestruppe rückte in der Residenzstadt ein und versiegelte die Tür zur Spielbank. Blanc verstand es jedoch, das Spielbankverbot mit viel Raffinesse umgehen: Der Zugang zum Casino war ab sofort nur noch mit Eintrittskarten möglich, das Spiel fand im »cercle des étrangers«, also in gleichsam privatem Kreise und unter Ausschluß der Öffentlichkeit statt.

Neue Pracht für das Kurhaus

Bald war alles beim alten: Die Nationalversammlung wurde nach wenigen Wochen aufgelöst, und die Spielbank konnte ihre Türen Ende August ganz offiziell wieder öffnen. Für Blanc war nun der Zeitpunkt gekommen, um seine schon lange gehegten Pläne zur

Erweiterung der Kurhauses zu realisieren, das einen neuen Spielsaal und Speisesaal erhalten sollte. Den Auftrag erhielt der belgische Architekt Jean-Pierre Cluysenaar (1811–1880), der als einer der ersten Baumeister des Historismus gilt. Bekannt wurde er mit seinen Brüsseler Bauten wie der Passage Saint Hubert, dem Gebäude der Societé Royale de la Grande Harmonie oder dem königlichen Konservatorium. Nach seinen Entwürfen wurden im Jahr 1850 an die eingeschossigen Flügelbauten des Métivierschen Gebäudes zwei doppelstöckige – also deutlich höhere – Seitenflügel im rechten Winkel angebaut. Zeichnungen und Stiche jener Zeit lassen erkennen, daß diese Anbauten wohl kaum als Verbesserung der in sich geschlossenen und wohlproportionierten Architekur des bisherigen Kurhauses anzusehen waren. Innen waren die beiden neuen Säle im damals in Deutschland gerade erst aufkommenden neobarocken Stil aufs üppigste ausgestattet.

Das Prosperieren von Spielbank und Badebetrieb im Lauf der nächsten Jahre hatte zur Folge, daß sich allmählich selbst das vergrößerte Kurhaus als zu klein erwies. François Blanc (sein Bruder Louis war 1850 gestorben) beauftragte daher Cluysenaar, Entwürfe für einen Um- und Neubau auszuarbeiten. Ein Feuer, das 1860 im Speisesaal ausbrach, brachte den Anstoß, das Projekt in den Jahren 1861 bis 1863 zu verwirklichen. Cluysenaar integrierte zwar das bisherige Kurhaus in seinen Neubau, veränderte aber die Métiviersche Architektur radikal: Ihre klaren klassizistischen Linien ersetzte der Brüsseler Baumeister vor allem durch die auftrumpfende Formensprache des Neobarock.

So erhielt die straßenseitige Fassade, die vor das alte Gebäude gebaut wurde, ein völlig neues und äußerst prunkvolles Gesicht. Ein eklektizistisches Stilgemisch zeigte sich in seiner Neugestaltung fast aller Räumen des Kurhauses: Alte Fotografien vermitteln einen anschaulichen Eindruck von der Pracht der monumentalen, im Stil der Neorenaissance erbauten Galerie oder des luxuriös ausgestatten Goldsaals: »... er zeigt eine wahre Fülle an Gold und herrlichen Fresko-Malereien,« berichtete ein englischer Besucher namens Percy Fitzgerald: »Funkelnde Kronleuchter in höchst elegantem Design hängen in der Mitte, ...während die Möblierung reich, solide und von exquisitem Geschmack ist.« Im Ostflügel des Kurhauses baute Cluysenaar ein zauberhaftes historisierendes

Rokokotheater mit achthundert Plätzen, das am 21. November 1863 mit der Oper »Die Fee von Homburg«, einer Auftragsarbeit, eröffnet wurde. Von den Räumen des Métivierschen Kurhauses blieben der Konzertsaal und der Kursaal fast unverändert erhalten, die mit ihrem schlichten klassizistischen Erscheinungsbild nun fast wie Fremdkörper inmitten des neuen bombastischen Glanzes wirkten.

Lennés Kurpark

»Was für ein herrlicher Tag gestern war!« schrieb Fjodor Dostojewski am 19. Mai 1867 an seine Frau. »Ich bin trotz allem ein wenig im Park spazieren gegangen. Man muß sagen, die Gegend hier ist bezaubernd! Der Park ist großartig, das Kurhaus auch, die Musik sehr schön... Hier könnte man leben, wenn nur das verdammte Roulette nicht wäre...«. Peter Joseph Lenné (1789–1866), der Generaldirektor der königlichen Gärten in Preußen, der die berühmten Parkanlagen von Sanssouci, Charlottenhof oder Babelsberg schuf, wurde der Schöpfer des Homburger Kurparks: Daß es François Blanc gelang, diesen genialen Gartenkünstler für diese Aufgabe zu gewinnen, ist als besonderer Glücksfall anzusehen. Der nicht nur von Dostojewski gepriesene Homburger Kurpark war ein Spätwerk Lennés und zeigt noch heute den vom ihm bevorzugten Charakter eines klassischen englischen Landschaftsparks.

Im August 1852 kam Peter Joseph Lenné zum ersten Mal nach Homburg. Seine Entwürfe für das Gelände zwischen Schwedenpfad, Kaiser-Friedrich-Promenade, Kisseleffstraße und Paul-Ehrlich-Weg (die Straßennamen lauteten damals anders) realisierte man zwei Jahre später: Das Herzstück des Kurparks wurde mit großen Rasenflächen, malerischen Baumgruppen, dekorativen Blumenbeeten, Weiher, Fontänen und einem Netz geschwungener Wege zu einer bezaubernden Parklandschaft gestaltet, die ihre große Anziehungskraft bewahrt hat. Lenné entwarf prachtvolle Blickachsen, die vom Kurhaus über den Kurparkweiher mit der Fontäne bis zu den bewaldeten Hängen oder vom Elisabethenbrunnen über die Brunnenallee auf das Wiesental führen.

Die schöne Raumwirkung der verschiedenen Naturbilder, den Wechsel von großzügigen, weiten Flächen und Waldpartien, von Licht und Schatten hat er genau geplant. Sein botanisches Programm war umfangreich: Im Kurpark findet sich eine Fülle von dendrologischen Raritäten, darunter viele Baumarten aus Asien und Nordamerika.

Schon einige Jahre später wurde der Kurpark erweitert. Für den neugestalteten Elisabethenbrunnen, von dem jetzt eine offene Trinkhalle zum neuen Palmenhaus und zur 1844 erbauten Orangerie führte, entwarf Lenné 1857 eine reizvolle grüne Umgebung. Die Orangerie (heute Wandelhalle mit Café im Kurpark) diente damals als sogenanntes Madeirahaus der in Mode gekommenen Winterkur, bei der man sich gesundheitsfördernde Wirkungen vom Sauerstoff der Pflanzen versprach.

Nach Lennés Tod übernahm sein Nachfolger, der königlich preußische Hofgartendirektor Ferdinand Jühlke, 1867 den weiteren Ausbau des Kurparks und gestaltete vor allem das Gebiet zwischen Elisabethenbrunnen, Promenade und der heutigen Kisseleffstraße. Als letzte große Erweiterung wurde 1913 der Jubiläumspark mit dem Durstbrunnen aus Anlaß des fünfundzwanzigjährigen Regierungsjubiläums von Kaiser Wilhelm II. angelegt. Dieser Park war das Werk des Frankfurter Gartenbaufirma Philipp Siesmayer, die jahrzehntelang mit der Pflege der Homburger Gartenanlagen betraut war.

Treffpunkt der europäischen Aristokratie

»Im Kurgarten unterhalb der Terrasse hatten wir ein kleines Schauspiel anzusehen. Der Prinz und die Prinzessin von Preußen kamen mit dem Herzog von Nassau und Prinzen Friedrich von Württemberg langsam heran, setzten sich dann auf ein paar Bänke und mehrere Herren standen umher, oder gingen ab und zu. Der Präsidialgesandte der Bundesversammlung Graf von Münch-Bellinghausen war von Frankfurt gekommen, sprach lange mit Königsmarck, ging dann die Terrasse herab, reckte sich, spreizte sich, setzte sich auf einen Stuhl, aber es gelang ihm nicht sich bemerkbar zu machen, der Pfau verbiß seinen Ärger und hielt

Schmuckplatz im Kurpark mit Kaiserin-Friedrich-Denkmal

sich zu Herrn und Frau von Bethmann, die aus Frankfurt gekommen waren: endlich erbarmte sich jemand und machte den Prinzen aufmerksam, der ließ den Grafen kommen, aber die Bethmanns auch, und der Graf hielt sich nicht für genugsam ausgezeichet. Da mußte man staunen, wie der Mann sich bücken und gleich wieder stolz grade machen konnte, ja sich hinten weit überbog! Als der Prinz und die Prinzessin nach einiger Zeit weggingen und der Graf entlassen war, zog er eben so hintenübergebogen mit grimmig-wichtiger Miene ab. Das Ganze war höchst ergötzlich...«, besonders für Karl August Varnhagen von Ense, der diese Szene 1844 in seinem Tagebuch schilderte.

Es war eine Lust, im »Spiel- und Modebad« vor den Taunushöhen zu sein. Ein bebilderter Prospekt aus dem Jahr 1851 pries Homburg als »das Rendezvous der Reisenden, die elegante und mondäne Zuflucht der Leute von Geschmack und Geist, die frische und friedliche Oase, in der alljährlich Karawanen von Touristen ein Obdach suchen, die man die Pilger des Vergnügens nennen könnte«. Aus ganz Europa strömten die Gäste herbei, 1847 waren es bereits mehr als fünftausend, und ihre Zahl nahm von Jahr zu Jahr zu. Die Kurlisten jener Epoche lesen sich wie ein Auszug aus dem Gotha: Auch die russische Aristokratie wie die Galitzin, Stolypin, Obolensky, Branicki, Potocky kurte und »jeute« nun mit Vorliebe in Homburg.

»Vergnügungssüchtige aller Nationen finden sich sich hier ein, Gauner beider Geschlechter, Würden- und Ordenträger von jedem europäischen Hof« schrieb William Makepeace Thackeray, der das Homburger Leben in »The Knickleburys on The Rhine« schilderte: »Russische Prinzessinnen, spanische Granden, belgische, französische, englische Adlige, – Briten jeder Klasse, vom Botschafter, der hier seinen ›congé‹ nimmt bis zum Londonder Lehrling, der für zwei Wochen Jux hierherkommt.«

Engländer bildeten das Hauptkontigent des internationalen Publikums, 1865 kamen der Prinz of Wales, der spätere König Edward VII. und seine Frau zum ersten Mal. Und da Homburg »...von weitaus mehr und weitaus vornehmeren englischen Besuchern als als jeder andere deutsche Ort frequentiert« wurde, stiftete ein Komitee von Hotelbesitzern eine Englische Kirche: Sie wurde nach den Plänen von Christian Holler auf einem Grundstück erbaut, das Landgraf Ferdinand geschenkt hatte, und im Jahr 1868 eingeweiht. Heute dient die Englische Kirche als attraktives Kulturzentrum. Im Jahr 1865 besuchte Bismarck seine Familie, die zwei Sommermonate in der Kurvilla des Hofphotographen Dannhof an der Promenade logierte. Johanna von Bismarck kam später oft zur Kur wieder; im August 1890 nahm der kurz zuvor entlassene Reichskanzler als Ehrengast am Schützenjubiläum teil: Dieser Kontakt zwischen dem bürgerlichen Leben und der vornehmen Welt der Kurgäste blieb eine seltene Ausnahme.

Kur-Ambiente

François Blanc tat alles für das Wohl der anspruchsvollen Fremden: Für das Restaurant des Kurhauses engagierte er einen renommierten französichen Küchenchef, livrierte Diener servierten in den Spielsälen und Gesellschaftsräumen Champagner. Das Kurorchester war vorzüglich besetzt, die glanzvollen Bälle, Konzerte, Réunions und anderen Vergnügungen fanden großen Anklang. Im Theater traten die Weltstars jener Epoche auf: Die Sängerinnen Pauline Lucca oder Adelina Patti etwa, die mit Beifall überschüttet wurden und stolze Abendgagen von fünftausend Francs erhielten. Das 1846 neben dem Kurhaus von dem französischen Architekten Decloux erbaute »Große Badehaus« bot ein elegantes Ambiente für den Gebrauch der Mineralquellen, und im zauberhaften Kurpark zu lustwandeln war ein Vergnügen. »Über Mangel an Einrichtungen ist nicht zu klagen..« lobte Varnhagen von Ense: »Zu dem kommt der Geschmack in Bauten und Gartenanlagen, besonders auch die Freigebigkeit der Spielpächter Gebrüder Blanc, welche alles, was man in anderen Bädern bezahlen muß, umsonst abgeben als Musik, Lesekabinett, Bälle.«

Unglücklicher Dostojewski

Magische Anziehungskraft übte Homburg auf Spieler vieler Nationen aus. Fjodor Dostojewski kam 1863 zum ersten Mal, schwankend zwischen der Hoffnung, seine qualvolle »Monomanie« möge endlich aufhören, und der Illusion, man könne im Casino unmöglich verlieren: »Dort waltet blinder Zufall, bei mir aber Berechnung, folglich habe ich ihnen eine Chance voraus,« schrieb der Dichter an seine zweite Frau Anna Grigorjewna, die er 1867 geheiratet hatte. Seine »Spielerbriefe«, die er täglich aus Homburg an »Anja« nach Dresden sandte, – dort hatte das Paar Zuflucht vor den Gläubigern in Rußland gefunden – sind bewegende Zeugnisse von ehelicher Zuneigung und Spieler-Obsession: Sie machen das große Glück seiner Ehe mit der fünfundzwanzig Jahre jüngeren Frau sichtbar, spiegeln ihre alles verzeihende Geduld und Liebe wider, und die Tatkraft, mit der sie sein chaotisches Leben zu ordnen verstand. Anja hatte bald erkannt, daß es sich bei Fjodors Sucht »nicht um einfache Willensschwäche handelte, sondern daß dies eine alles verzehrende ungestüme Leidenschaft, eine Elementargewalt war, der gegenüber sich selbst ein Charakter als ohnmächtig erweisen mußte.«

So sandte sie ihm das Geld für die Rückreise, als Dostojewski sein ganzes Geld verspielt und selbst seine Uhr verpfändet hatte, mußte diese Summe aber noch ein zweites Mal aufbringen: »Anja, meine Teure, meine Freundin, meine Frau, nenn' mich nicht Schuft! Ich habe ein Verbrechen begangen, ich habe alles verspielt, bis auf den letzten Kreuzer, gestern habe ich es bekommen und gestern verspielt...« Ob er in seinem autobiographisch gefärbten Roman »Der Spieler« mit dem fiktiven »Roulettenburg« Wiesbaden, Baden-Baden oder das mehrmals namentlich genannte Homburg schilderte, ist umstritten.

Die exzentrische Gräfin

»Eine Russin, eine Gräfin, eine große Dame«: Mit der »Großtante« in seinem 1866 erschienenen Buch hat Dostojewski ein authentisches und lebensvolles Porträt von der auffallendsten

Erscheinung unter den russischen Gästen Homburgs gezeichnet: Gräfin Sophie Kisselew, Ex-Frau eines bedeutenden Generals und Reformers, war 1842 bald nach der Eröffnung des Casinos in das mondäne Bad gekommen. Sie spiele täglich nur einmal, – von elf Uhr früh bis elf Uhr nachts, spottete man damals: Jahrzehntelang ließ sich die leidenschaftliche Spielerin jeden Morgen im Rollstuhl von ihrem Diener ins Casino bringen.

»Das Erscheinen der Generalin machte einen tiefen Eindruck auf die Anwesenden. An den Roulettetischen und am anderen Ende des Saales, wo man Trente-et-quarante spielte, drängten sich wohl an hundertfünfzig oder zweihundert Personen in mehreren Reihen. Diejenigen, denen es gelungen war, sich zum Tisch durchzuzwängen, standen ihrer Gewohnheit gemäß felsenfest und verließen ihre Plätze nicht eher, als bis sie alles verloren hatten, denn es ist verboten, als einfacher Zuschauer dazustehen und den Platz eines Spielenden einzunehmen. Es sind zwar Stühle um den Platz gestellt, besonders bei starkem Andrang des Publikums – da man stehend näher aneinanderrücken kann und und dadurch Platz spart, auch ist es bequemer zu setzen. Die Spieler in der zweiten und dritten Reihe drängten sich hinter der ersten und warteten, bis sie drankamen; in ihrer Ungeduld streckten sie manchmal ihre Hand durch die erste Reihe, um ihre Einsätze hinzulegen...«.

»Dies alles beobachtete die Großtante von ferne mit wilder Neugierde. Es gefiel ihr, daß man gerade Diebe abführte. Für das Trente-et-quarante zeigte sie wenig Interesse; das Roulette gefiel ihr schon deshalb besser, weil dort eine Kugel rollte. Endlich äußerte sie den Wunsch, sich das Spiel aus der Nähe anzusehen... Eine Anzahl von Spielern (hauptsächlich Engländer mit ihren Familien) drängten sich sofort an den Tisch, um die Großtante über die Spieler hinweg anzusehen. Viele Lorgnons richteten sich auf sie. In den Croupiers wurden Hoffnungen rege: eine so exzentrische Spielerin schien tatsächlich Ungewöhnliches zu verheißen. Eine fünfundsiebzigjährige gelähmte Frau, die den Wunsch hatte zu spielen, war natürlich kein alltäglicher Fall...«

Wie ihr Ebenbild in Dostojewskis »Spieler« saß die Gräfin Kisselew ununterbrochen am Roulettetisch, um nach Spielende mit Freunden in ihrem eigenen Salon bis zum Morgengrauen weiter zu jeuen. Sie verlor im Lauf der Zeit abenteuerlich hohe Summen, war aber als Aktionärin der Spielbank immer zugleich ihre eigene Gewinnerin. Auch der englische Schriftsteller Thomas Carlyle (1795–1881) hat sie geschildert: »...hier sehe ich eine solche Fülle von verdammenswerten Mienen – Franzosen, Engländer und Russen, stumpfe Engländer in Mengen –, wie man sie nie zuvor außerhalb der Hölle gesehen hat. Es reicht, um einen zum Kannibalen zu machen! Eine alte russische Gräfin saß dort und setzte bei jedem Spiel zwei Hände voller Goldstücke ein, – eine Figur, die ich nie vergessen werde.«

Im Homburger Stadtbild hat Sophie Kisselew heute noch sichtbare Spuren hinterlassen: 1843 baute sie eine Reihe von bezaubernden Villen in der später nach ihr benannten Straße, von denen drei im originalen Zustand erhalten geblieben sind.

»Faîtes vos jeux!«

»Im Spielsaal den Kurfürsten von Hessen bei der Arbeit gesehen;« schrieb Varnhagen von Ense 1844 in seinem Tagebuch, »er spielt den ganzen Tag, sitzt krumm vorgebogen auf die Karten sehend und stechend, die er in der Hand hält, und schiebt das Gold hin und her; ein widerwärtiger Anblick, der deutsche Fürst unter dem Spielervolk und mit Gold nochmals das Blut seiner verkauften Unterthanen schnöd vergeudend!« Der Kurfürst war ein ebenso glückloser wie passionierter Spieler, der sich bedenkenlos immer wieder hohe Geldsummen von den Blancs lieh. Da er völlig außerstande war, seine Schulden zurückzuzahlen, bot er zum Ersatz schließlich vierzig Orangenbäume aus den kurfüstlichen Gewächshäusern an, die vor dem Kurhaus aufgestellt wurden. Varnhagen wurde überhaupt zum scharfen Kritiker der Gesellschaft, die hier nur dem »verfluchten Spiel« fröne, das alle Gauner und Tagediebe der Umgebung anziehe: »Die Spielbank macht Homburg zu einem Nest von Gesindel, Abenteurern, Beutelschneidern und liederlichen Weibern.«

Es kamen viele illustre Casino-Besucher, zu denen der Staatskanzler des Zarenreiches Alexander Gortschakoff, Garibaldi, Ferdinand Lassalle oder Prinz Charles Lucien Bonaparte zählten.

Der allerdings wurde im Herbst 1852 zum Schrecken der Spielbank: Kaum in Homburg eingetroffen, erschien der schwerreiche Prinz in der Spielbank, um mit den höchsten Sätzen, die erlaubt waren, zu spielen. Bald erreichten seine Gewinne so unglaubliche Höhen, daß er die Spielbank zu sprengen drohte, und die Direktoren – Blanc war in Paris – eilten zu Rothschild nach Frankfurt, um Kredite aufzunehmen. Als der dicke, stiernackige Bonaparte mitsamt seinem Riesengewinn endlich wieder abreiste, atmete alles auf. Aber François Blanc verstand es, sogar diese herben Verluste zur wirkungsvollen Reklame für die Spielbank umzumünzen: Daß ein Bonaparte in wenigen Tagen in Homburg ein immenses Vermögen gemacht hatte, wurde durch Blancs geschickte Informationspolitik zum Tagesgespräch in Paris, – und in der folgenden Saison strömten mehr Franzosen denn je in die Kurstadt.

Für den englischen Journalisten George Augustus Sala bot sich in der Spielbank ein recht zwielichtiges Bild: Da saß »der blendend aussehende junge russische Adlige« am Roulettetisch, »der jugendliche, schon völlig verbraucht wirkende kleine französiche Marquis im englischen Outfit«, »die elegant angezogene welke Dame mit dem Hexengesicht..., der sorgenzerfurchte Engländer«: Und unter den professionellen Spielern mit ihren »Mephisto-Mienen, den schnellen, rastlosen Blicken und schurkisch zusammengekniffenen Lippen...« erblickte er zudem viele junge Prostituierte, gekleidet, frisiert und mit Schmuck behängt wie Prinzessinnen.

Stadtentwicklung – Die Promenade

Die steile Karriere des Kur- und Spielbetriebs zeigte erfreuliche Folgen für die Homburger Entwicklung. Von 1858 an versorgte die in Gonzenheim errichtete Gasfabrik das Kurhaus und die Straßen mit Licht, zwei Jahre später legte man eine städtische Wasserleitung. Diese beiden kommunalen Projekte, die natürlich auch seinen eigenen Interessen dienten, wurden von Blanc genauso großzügig finanziell unterstützt wie der Bau einer Eisen-

Die Promenade mit der Eckfassade des alten »Ritter's Parkhotels«

bahnlinie zwischen Homburg und Frankfurt: Mit einem Festakt feierte man am 10. Mai 1860 die erste Ankunft eines Zuges im »Alten Bahnhof«, dessen Architekt Edmund Heusinger von Waldegg war.

Auch die wirtschaftliche Lage der Einwohner verbesserte sich entscheidend: In Blancs Unternehmen verdienten jetzt einige hundert Homburger ihren Lebensunterhalt. Die für's wohlhabende Publikum hoffnungsvoll eröffneten Läden florierten; Schneiderateliers, Konditoreien, Friseure oder die privaten Logierhäuser machten glänzende Geschäfte. Durch die rege Bautäigkeit in der Innenstadt wurden zahlreiche weitere Arbeitspätze geschaffen. Die neuen Hotels und Villen entstanden in der Louisenstraße und an der »Städtischen Promenade«, die – genauso schnurgerade wie die Louisen-, Elisabethen- und Dorotheenstraße – im Jahr 1834 errichtet wurde. Nach den Richtlinien von 1842 mußten hier die Häuser mindestens zwei Geschosse haben, zur Promenadenseite waren große Vorgärten anzulegen. Hübsche kleine Kutscherhäuser, von denen nur einige erhalten blieben, standen in den hinteren Gärten. Bäume durften nur am Straßenrand gepflanzt werden, damit sie nicht den Blick auf die Fassaden verstellten. Den strengen Bauvorschriften ist es zu verdanken, daß aus einem Ensemble unterschiedlicher Architekturen – das Spektrum der Stile reichte im Lauf der Jahre vom Spätklassizismus bis zum Jugendstil – ein dennoch einheitliches und harmonisches Bild entstand.

Viele der klassizistischen Bauten stammen von dem Homburger Baumeister Christian Holler. Neugotische Spitzbögen und Zinnen bevorzugte dagegen Edmund Heusinger von Waldegg, der Architekt des Bahnhofs. Das 1856 von ihm erbaute Eckhaus Promenade / Kisseleffstraße wurde einige Jahre später zum Witwensitz der Freifrau Therese von Barnim: Sie war einst Tänzerin wie ihre sehr viel bekanntere Schwester Fanny Elßler gewesen und hatte als morganatische Ehefrau des Prinzen Adalbert von Preußen, dem Sohn von Marianne von Hessen-Homburg, gesellschaftlich Karriere gemacht. 1883 verkaufte sie ihr prächtiges Haus an den Hotelier Conrad Ritter, der es mit zwei dazuerworbenen Nachbargebäuden zu »Ritter's Parkhotel« ausbaute und auf dem rückwärtigen Grundstück den prächtigen »Weißen Saal«

errichtete. »Ritter's Parkhotel« wurde als »Haus allerersten Ranges« weltberühmt und zum Treffpunkt der großen Welt.

Aufstieg einer Schusterstochter

In Homburg wurde François Blanc in den Jahren 1841 bis 1872 zum mehrfachen Millionär. Hier fand er auch sein privates Lebensglück, das mit einer geradezu märchenhaften Liebesgeschichte à la Pygmalion verbunden war: Eines Tages brachte seine Haushälterin ein vierzehnjähriges Mädchen aus dem Hugenottenort Friedrichsdorf mit, das Marie Hensel hieß und die Tochter eines Flickschusters war. Das hübsche und muntere Kind bezauberte den siebenundzwanzig Jahre älteren Mann mit ihrem Charme und ihrer Natürlichkeit von Anfang an. Daß sie in einem anziehenden hessisch-französischen Idiom parlierte (»il est défendu de schlitterer en bas de Obergaß« rief der Büttel damals im Winter), entzückte Blanc, der kaum Deutsch sprach, natürlich besonders.

Die beiden verliebten sich, und Blanc erkannte, daß er endlich die Frau seines Lebens gefunden hatte. Einer Heirat standen allerdings unübersehbare Hindernisse im Wege: Marie war noch viel zu jung für eine Ehe – und auf die repräsentative Rolle der Frau eines zwischen Homburg und Paris pendelnden Spielbankdirektors als Schusterstochter denkbar schlecht vorbereitet. So wurde sie von François Blanc auf eine vornehme Pariser Klosterschule geschickt und erhielt dort die exklusive Bildung und den gesellschaftlichen Schliff einer Dame von Stand. Blenden ließ sie sich nicht: Ihr geradliniger Charakter und ihr gutes Herz haben offensichtlich keinerlei Schaden durch diese Metamorphose genommen. Am 20. Juni 1854 wurde in Paris Hochzeit gefeiert: François Blanc war damals achtundvierzig, Marie Hensel knapp einundzwanzig Jahre alt.

Eheglück und gute Taten

Die ungewöhnliche Romanze führte zu einem soliden Eheglück: Die junge Madame Blanc wuchs rasch in ihre neuen Aufgaben hinein, nahm aktiven Anteil an den Geschäften ihres Mannes und vertrat ihn mit großer Souveränität, wenn er abwesend war. Als ihr Mann 1877 starb, übernahm »la patronne« wie selbstverständlich die Leitung des Casinos in Monte Carlo, das ihr Mann 1863 gepachtet hatte. Ihren drei Kindern, Edmond, Louise und Marie war sie eine liebevolle Mutter. Und mit ihrer klaren moralischen Haltung konnte sie ihren Mann schließlich sogar dazu bewegen, seine beiden unehelich geborene Söhne anzuerkennen und standesgemäß zu versorgen.

Marie Blanc ließ sich durch ihren steilen gesellschaftlichen Aufstieg keineswegs den Kopf verdrehen und blieb zeitlebens ihrer einfachen Herkunft treu: So wurde sie zur großen Wohltäterin ihrer zahlreichen Friedrichsdorfer Verwandten – ihr Vater hatte aus erster Ehe drei, aus der zweiten neun Kinder – und vergaß auch ihre Jugendfreunde nicht. Den Eltern baute sie ein Haus, ihren Geschwistern schenkte sie Grundstücke, beschaffte ihnen Arbeit in der Spielbank und half überhaupt an allen Ecken und Enden. Ihre Mitmenschlichkeit zeigte sich in großen und kleinen Taten: In Homburg unterstützte sie freigebig kirchliche und karitative Institutionen, in Brides-les Bains, dem Nachbarort eines der Blanc'schen Anwesen in Frankreich, konnten dank ihrer Stiftungen eine Schule, ein Krankenhaus und eine Kirche errichtet werden. Und sie beantwortete jeden der zahlreiche Bettelbriefe, die sie tagtäglich von Unbekannten bekam.

Aristokratischer Lebensstil

Den Reichtum ihres Mannes genoß sie in vollen Zügen: Die Schusterstochter wurde im Lauf der Zeit zur Schloßherrin in Moutiers und Ermenonville, verfügte über ein Anwesen in Nizza und eine luxuriöse Pariser Residenz. An wertvollen Möbeln und Gemälden, vor allem aber an edlem Schmuck hatte sie eine parvenuhafte und außerordentlich kostspielige Freude. Die Blancs pflegten einen wahrhaft aristokratischen Lebensstil, und es kam wohl nicht von ungefähr, daß die beiden Töchter verarmte Adlige mit großen Namen heirateten: Louise ging die Ehe mit dem Prinzen Konstantin Radziwill ein, und Marie wurde die Frau von Prinz Roland Bonaparte. Sohn Edmond lebte als Rennstallbesitzer in Paris und zeigte ebensowenig Neigung wie die beiden hochadligen Schwiegersöhne, in das Blanc'sche Unternehmen einzutreten, das schließlich auch von der Bildfläche verschwand.

Das Erbe der Marie Blanc

Marie Blanc wurde nur siebenundvierzig Jahre alt. Bald nach ihrem Tod im Sommer 1881 ließen ihre Kinder die sagenhaften Juwelen der Mutter in Paris versteigern. Die europaweit annoncierte Auktion im Hotel Drouot wurde zur Sensation für die Pariser Gesellschaft, und die wunderbaren Colliers, Broschen und Ohrringe erzielten astronomische Preise. Vom gesamten Homburger Besitz, zu dem auch der Englische Garten gehörte, trennten sich die Erben gleichfalls.

Vermutlich hätte sich Madame Blanc darüber gefreut, wenn sie noch miterlebt hätte, daß ihre Enkelin in die Familie eines regierenden Hauses einheiratete: Marie Bonaparte, deren Mutter bei ihrer Geburt im Jahre 1882 gestorben war, wurde 1907 die Frau von Prinz Georg von Griechenland, einem jüngeren Bruder des Königs. Als griechische Prinzessin distanzierte sie sich erstaunlich schroff vom Lebenswerk ihres Großvaters, dem sie immerhin ihr reiches Erbe verdankte. Und die vielfache großmütterliche Wohltätigkeit war für sie nichts anderes als »une sorte de rachat du ›crime montecarlien‹« (eine Art Wiedergutmachung des »montecarlischen Verbrechens«), bei der sie nur die unbewußte Absicht sah, »de se purifier de tout l'or arraché aux joueurs (sich von dem ganzen den Spielern entrissenen Gold zu reinigen). Maries Leben verlief in recht ungewöhnlichen Bahnen: In den zwanziger Jahren begegnete sie Sigmund Freud und ließ sich zur Psychoanalytikerin ausbilden. 1957 ist sie gestorben.

Die Homburger »Kaiserzeit«

Das nahende Ende der Spielbank

»In der Tat, meine Herren, die bejammernswerten Opfer der Spielbank, das unsägliche Elend, das sie erzeugt, die zahllosen Fälle ruinierten Familienglücks und die zügellosen Leidenschaften, die sie angefacht, alles dies entbindet mich, neues Material zu dem Scheiterhaufen herbeizutragen, den meiner Überzeugung nach die Legislative diesen Stätten der Unsittlichkeit und Trägheit anzuzünden hat...«: Möglicherweise waren es gerade diese markigen Worte eines Parlamentariers, die im preußischen Abgeordnetenhaus am 26. Februar 1868 das Schicksal der Homburger Spielbank besiegelten.

Das Ende hatte sich schon im Jahr 1866 abgezeichnet: Nach Landgraf Ferdinands Tod war Hessen-Homburg auf Preußen übergegangen. Und daß in der sittenstrengen preußischen Monarchie, zu der die Stadt Homburg nun gehörte, Glücksspiele als unmoralisch galten und politisch bekämpft wurden, war allgemein bekannt. Zwei Jahre lang versuchten François Blanc und die Homburger Bürgerschaft mit allen Mitteln die drohende Gefahr abzuwenden, machten Eingaben und wurden in Berlin vorstellig. Aber ihre Argumente, daß Homburg sich nur dank des Casinos von einem kümmerlichen Dorf zu einer Badestadt ersten Ranges entwickelt habe und daß es ohne diesen Lebensnerv dem wirtschaftlichen Ruin preisgegeben werde, fanden keine Beachtung. Wie erwartet oder befürchtet, wurde der Antrag, die Spielbanken zu schließen, von den Abgeordnetenen aller Parteien mit großer Mehrheit angenommen, wobei man den betroffenen Städten eine knapp fünfjährige Frist bis zum Jahresende 1872 einräumte.

Fast eine ironische Pointe war es, daß der Sohn des preußischen Ministerpräsidenten Bismarck, der als entschiedener Gegner des Glücksspiels galt, im Winter 1871 am Roulettetisch des Homburger Casinos auftauchte und eine stattliche Summe gewann. Ein ähnlich überraschender, noch viel prominenterer Gast dieses Jahres war der britische Premierminister William E. Gladstone (1809–1898), der vermutlich zunächst nur den spielfreudigen Prinzen von Wales zur Ordnung rufen wollte, dann aber selber »jeute« – ebenso eifrig wie erfolglos. Trotz seiner enormen Spielverluste kam er sogar kurz vor Toresschluß im Dezember des folgenden Jahres noch einmal wieder, »to take the waters«, wie es in England offiziell hieß.

Das letzte Spielbankjahr 1872 bescherte Homburg (das damals 8.600 Einwohner hatte) mit 21.000 Gästen den Rekordbesuch in seiner Geschichte. Dazu kamen die Passanten, deren Zahl in die Hunderttausende ging: Bevor das Casino schloß, wollten offenbar viele Menschen noch einmal mit eigenen Augen sehen, wie es in diesen berühmt-berüchtigten Spielsälen zuging.

Der letzte Tag

»Messieurs, à la dernière forever« rief der Croupier am Abend des 31. Dezember 1872 fünf Minuten vor elf: Die Roulettekugeln rollten zum allerletzten Mal, und danach gab es für die überaus zahlreichen Gäste ein Abschiedsdiner im berühmten Kurhaus-Restaurant. Als Kind hat Sophie Balmer (1859–1942), »Bad Homburgs lebende Chronik«, dieses historische Datum miterlebt: »Als der Tag da war, an dem die Spielbank zum letzten Male geöffnet hatte, sagte Papa zu uns drei Schwestern: ›So, nun zieht euch mal fein an, heute abend gehen wir mal in den Spielsaal.‹ Wir freuten uns sehr, denn wir kannten den Betrieb dort ja nur vom Hörensagen... Ein Angestellter der Spielbank zeigte uns einen alten Mann, der mit gebeugten Schultern, die Hände auf dem Rücken, durch den Spielsaal schlenderte: ›Wißt ihr, wer das ist?‹ Wir hatten den alten Herrn nie gesehen. ›Das ist Monsieur Blanc!‹ In der Tat kannten wir ihn nicht. Blanc ging ja fast nie aus, er verbrachte Tag und Nacht in seinen Räumen, in denen er ein Vermögen scheffelte.« Die Spielbank verlor am letzten Tag noch einen ziemlich hohen Betrag, erzielte im Schlußjahr aber mit einem Reingewinn von 1.337.680 Gulden ein sehr gutes Ergebnis.

Regiewechsel

»Rien ne va plus à Hombourg«: François Blanc zog sich verbittert nach Monte Carlo zurück. Am 1. Januar 1873 übernahm die Stadt Homburg den Kurbetrieb in eigener Regie und erwarb im Lauf der Zeit das Eigentum an Kurhaus, Badehaus, Brunnen und den gesamten Kuranlagen. Um den Start des nun casinolosen Kurorts zu erleichtern, hatte man als finanzielle Grundlage künftiger Aktivitäten drei Jahre zuvor einen »Kurfonds« gegründet, in den ein Teil der Spielbankerträge eingeflossen war. Nach zähen und langwierigen Verhandlungen, die bis 1877, dem Todesjahr von Blanc, dauerten, ging schließlich auch die von ihm beherrschte Aktiengesellschaft und das Direktorialgebäude an die Stadt.

Ein tatkäftiger Kurarzt

Nun schlug die große Stunde des Geheimen Medizinalrats Dr. Wilhelm Deetz (1827–1899), Dr. Trapps Nachfolger, der Homburg in erster Linie als Heilbad, ja sogar als »großes Hospital« sah und schon seit Jahren gegen die Spielbank polemisiert hatte. »Nur das stabile und solide Publikum, das seiner Gesundheit wegen oder aus Dankbarkeit gegen die freundlichen Najaden und auf Veranlassung seiner Ärzte kommt, gibt einem Bade die solide Basis«, hieß es in seinen »Promemoria«: »...und hier verweisen wir vor allem wieder auf den gebildeten Mittelstand Norddeutschlands, den man wieder heranziehen muß.« Es könne nicht im Homburger Interesse liegen, dieses Publikum »und mit ihm die hohe Aristokratie und Haute Finance durch nichtstuende Bummler, geisteskranke Spieler und aufgeputzte Schneidermamsells, die als lebendige Modejournale, als Gräfinnen und Baronessen sich aufspreizen, ersetzt zu sehen.«

Der überzeugte Brunnen- und Badearzt setzte sich energisch dafür ein, das kurmedizinische Angebot in Homburg zu erweitern und zu verbessern. Auf seine Anregung hin wurden im Kurpark ein »Gasbad« für kohlensaure Bäder, eine Kaltwasserheilanstalt und ein Moorbad im sogenannten »Parkbad« hinter dem Brunnensälchen gebaut. Von der Molkenkur, die Mitte des 19.

Jahrhunderts auch in deutschen Bädern als probates Mittel gegen Erkältungen und Lungenleiden aufkam, hielt Deetz besonders viel: Unter hohen Bäumen und inmitten eines entzückenden Rosengartens entstand 1882 das idyllische »Schweizerhaus« (der heutige Römerbrunnen) als Milch- und Molkenanstalt. Dort stellte ein alljährlich zur Saison anreisender Appenzeller Senn die Molke aus Ziegenmilch her. Schicks Homburg-Führer beschrieb ihn anschaulich: »Der Senne in seiner Nationaltracht, mit kurzen gelben Hosen, weißen Strümpfen, roter Weste, weißem gesticktem Mieder, weißen Hemdsärmeln, über die Schultern einen großen gemsledernen Hosenträger – ein Bild der Reinlichkeit darstellend – ist mit der Zubereitung und Verabreichung der Molken betraut. Er füllt die Molken aus einem Schweizer Brändli – einem kleineren Krug – in Gläser, wovon das Glas sechs Kreuzer kostet.«

Wilhelm Deetz war in jeder Hinsicht Purist: So achtete er streng auf größte Reinlichkeit der Quellen, forderte »militärische Strenge« für das Badepersonal, scharfe Trennung der Geschlechter im Badehaus und die Abschaffung der traditionellen »Brunnenmädchen«, die offenbar nicht zu seinem Bild eines wahrhaft seriösen Heilbads paßten.

Seine wichtigste Forderung, in Homburg ein großes Badehaus zu errichten, das alle Kurangebote unter einem Dach vereint, wurde erst 1890 mit dem Bau des Kaiser-Wilhelms-Bads erfüllt.

Fürstenbad

Die Entwicklung vom hessisch-homburgischen Spielbad zum Kurbad in Preußen verlief ziemlich reibungslos, obwohl das Casino zu einer Zeit geschlossen werden mußte, als die wirtschaftliche Lage überall in Deutschland ziemlich schlecht war: Kein Wunder also, daß 1873 nur noch 9.827 Kurgäste kamen, nicht einmal halb soviele wie im Vorjahr. Das in seinen Augen recht verlassen wirkende Homburg des Sommers 1873 hat der amerikanische Autor Henry James beschrieben. Immerhin sollten aber die stolzen Zahlen der größten Homburger Blütezeit während der sechziger und ersten siebziger Jahre kurz vor dem Ersten Weltkrieg annähernd wieder erreicht werden.

Das Golfhaus im Kurpark

Bald entfaltete sich in Homburg aber mehr Glanz als je zuvor: Kaiser und Könige, der Hochadel Europas und wohlhabende Bürger gaben sich hier nun ein Stelldichein. Spielbank hin oder her: Homburg galt nach wie vor als internationales Bad mit mondäner Atmosphäre, und Blanc hatte schließlich all das an Einrichtungen geschaffen, was verwöhnte Gäste damals für ihre Unterhaltung erwarteten.

Bereits in der Sommersaison 1873 war die Bilanz erfreulich: »Vorzugsweise scheinen die Engländer und Amerikaner mit unwandelbarer Treue unserer Badestadt zugetan zu sein, doch stellt auch Deutschland trotz der finanziellen Nachwehen sein ansehnliches Kontingent... Was aber besonders ins Gewicht fällt, ist, daß das hier weilende Badpublikum den allerhöchsten und bemittelsten Kreisen angehört, wozu England, Rußland und Amerika zwei Drittel der Gesamtzahl stellen. Ein Blick auf die Fremdenliste genügt, um zu konstatieren, daß Homburg durch die große Zahl englischer Lords, russischer Fürsten und anderer hoher Kurgäste vor anderen Bädern sich auszeichnet und wieder das Rendezvous der vornehmen Welt zu werden im Begriff steht.«

Der Prince of Wales und sein »Homburg«-Hut

Auch nach Schließung des Casinos, das er gerne aufgesucht hatte, kam der Prince of Wales (1840–1910) fast jedes Jahr für einige Wochen nach Homburg, zuletzt im Jahr 1901, nach dem Tod seiner Mutter, Königin Victoria, als König Edward VII. Mehrmals wohnte er in Ritter's Parkhotel, wo der Hotelier Conrad Ritter ihm eine Suite nach seinem Geschmack einrichtete. Der Bruder der deutschen Kronprinzessin Victoria und späteren Kaiserin Friedrich galt als »playboy prince«, der kein Vergnügen ausließ und zahlreiche Damen der Gesellschaft nicht nur platonisch verehrte: »Mein böses Männchen« nannte ihn seine verständnisvolle Frau. Der muntere Lebenswandel hatte viel mit seinem jahrzehntelangen und mehr als unbefriedigenden Warten auf den englischen Thron zu tun, und sicher auch mit seinen extrem puritanischen Eltern, die ein ohnhehin unerreichbares Vorbild für ihn waren.

Als einer der bestangezogenen Männer seiner Epoche wurde er sogar zum Modeschöpfer: Der grüne Jagdhut mit der gebogenen

Krempe, den sein Neffe Kaiser Wilhelm I. zu tragen pflegte, gefiel ihm so gut, daß er sich dieses Modell als eleganten grauen Stadthut anfertigen ließ und damit einen höchst erfolgreichen neuen Huttypus, den »Homburg«, kreierte. Die Homburger Hutfirma Möckel führte den Auftrag des englischen Kronprinzen zu dessen größter Zufriedenheit aus und kam 1901/1902 als Hoflieferant des englischen Königs und des deutschen Kaisers zu hohen Ehren. Aber nicht nur als Erfinder des aus Hasen- und Kaninchenhaar hergestellten »Homburg«-Hutes, der noch heute ein Wahrzeichen der Stadt ist, machte der Prince of Wales Mode: Daß Homburg ein bevorzugtes Reiseziel vornehmer Engländer blieb, war sicher auch seinem Beispiel zu verdanken. So promenierte auch Oscar Wilde, eine Gardenie im Knopfloch, im Sommer 1892 durch den Kurpark. Es war die Zeit seiner größten Erfolge als Autor, in dessen Komödie »Lady Windermere's Fan« Homburg zwei Mal eine allerdings kurze Rolle spielt. Die englischen Gäste kurten aber nicht nur, sondern importierten auch ihre beliebtesten nationalen Sportarten: Die ersten Tennisplätze Deutschlands entstanden 1876 im Kurpark, und dort wurde 1899 auch der älteste deutsche Golfclub gegründet. Das im selben Jahr im Chaletstil erbaute Golfclubhaus ist nach dem historischen Vorbild vor einigen Jahren wiederhergestellt worden und dient seither als Restaurant. Neben ihren sportlichen Aktivitäten zeigte die englische Sommerkolonie auch ein Herz für die notleidende Homburger Tierwelt, als sie Geld sammelte, um Sauftröge für die Ziehhunde der Kurstadt aufzustellen.

Die Preußen kommen

»...war das ein schöner Tag, für die Bewohner unserer Stadt ein Tag der Freude und der Hoffnung! An diesem Tag erhielt ja Homburg zum ersten Male den Besuch des neuen Landesherrn, ...König Wilhelm I. von Preußen, der gerecht und milde ein weites Land regiert und dem deshalb sein Volk mit unendlicher Liebe und Verehrung anhängt; – der greise Held von Königgrätz, der mit seiner mächtigen Hand und mit einem gewaltigen Zug Deutschland aus der Spaltung und Schwäche und Versunkenheit gerissen und die Bahn zu seiner vollen Einheit und aufsteigenden nationalen Entwicklung eröffnet hat,– es ist König Wilhelm I. von Preußen, auf den Millionen von der Nordsee bis zur Adria mit hochschlagendem Herzen hinschauen und ihn als berufenen Herrscher Alldeutschlands erkennen und begrüßen.«

Die Homburger liebten die Preußen und umgekehrt: Dieses herzliche Verhältnis, das sich schon am 16. August 1868 beim ersten (vom »Taunusboten« enthusiastisch geschilderten) Aufenthalt des späteren Kaisers Wilhelm I. (1797–1888) zeigte, hat ein halbes Jahrundert lang das Leben der Stadt geprägt. Verwandtschaftliche Bande zwischen den Häusern Hessen-Homburg und Preußen waren im Jahr 1804 durch die Heirat der Landgrafentochter Marianne mit dem preußischen Prinzen Wilhelm, einem Bruder von König Friedrich Wilhelm III., entstanden. Es war im übrigen eine Ehe zwischen Vetter und Cousine, denn Wilhelms Mutter, Friederike von Hessen-Darmstadt, war eine Schwester von Mariannes Mutter, der Landgräfin Caroline.

Daß König Wilhelm I. ausgerechnet das Homburger Schloß zum Sommersitz der preußischen Könige erklärte und nicht die viel prächtigeren Schlösser in Wiesbaden oder Kassel, war erstaunlich. Aber seinem aristokratischen Traditionsverständnis mag es eher entsprochen haben, das leerstehende Schloß der ausgestorbenen Landgrafenfamilie zu bewohnen als die Besitztümer seiner enteigneten Standesgenossen.

Das Homburger Schloß wies »ein stark vernachlässigtes und ergänzungsbedürftiges Inventarium« auf, als es in preußischen Besitz überging. Wilhelm I. huldigte zwar dem altpreußischen Sparsamkeitsideal, ließ aber doch die notwendigsten Renovierungen durchführen. Im Königsflügel wurden aber der Rote Saal und einige andere Räume 1866 in Appartements für das hohe Paar verwandelt, und als Wandschmuck für den Hirschgangflügel ließ man zahlreiche Geweihe aus Potsdam kommen.

Kaisermanöver

»Unsere wunderbar stärkende Gebirgsluft« bekam Kaiserin Augusta bei ihrem ersten Homburger Aufenthalt im Sommer 1882 so gut, berichtete der »Taunusbote« mit lokalpatriotischem Stolz, daß sie »ersichtlich wohl und gekräftigt« nach Berlin zurückkehrte. Als sie und ihr Mann Ende September 1883 zum Kaisermanöver wiederkamen, wurde das allerdings nicht nur vom »Taunusboten«, sondern von der gesamten deutschen Presse kommentiert: Als internationales Fürstentreffen, zu dem die Könige von Spanien, Sachsen und Serbien, der portugiesische und der englische Kronprinz, der Großherzog von Sachsen-Weimar, der Bruder der Kaiserin, und zahlreiche weitere europäische Hoheiten anreisten, fand das Homburger Kaisermanöver weithin Beachtung. Ganz Homburg sonnte sich im gesellschaftlichen Glanz dieses Ereignisses, die Straßen waren festlich geschmückt und illuminiert, Tausende sahen beim großen Zapfenstreich im Schloßhof zu, die Schaulustigen strömten von nah und fern herbei, und natürlich war kein Bett in der Stadt mehr frei. Im ersten Haus am Platze, Ritter's Parkhotel, hatte man die Manöverbeobachter untergebracht, die aus allen europäischen Ländern und selbst aus Japan, China oder der Türkei kamen. Das Kulturprogramm zu diesem großen Anlaß wirkt allerdings nicht sonderlich aufregend: Im Theater wurden Einakter wie »Der wilde Toni« oder »Er war nicht eifersüchtig« aufgeführt: Interessanter als das Geschehen auf der Bühne waren für die Zuschauer aber ohnehin die kaiserlichen Gäste und »der herrliche Anblick, welchen das bunte Durcheinander all der farbenprächtigen und sternglitzernden Uniformen« bot.

Kaiserin Friedrich

Daß die Kaiserin Friedrich (1840–1901) und ihr frühverstorbener Ehemann Kaiser Friedrich III. (1831–1888) in Homburg außerordentlich beliebt waren, zeigt sich im Bild der Stadt noch heute: Auf Wunsch des Magistrats wurde die Promenade im Jahr 1899 in »Kaiser-Friedrich-Promenade« umbenannt. Aus Spenden der Bevölkerung wurden zwei marmorne Büsten finanziert, die der Berlienr Bildhauer Johannes Uphues schuf und nun seit der Jahrhundertwende auf dem Schmuckplatz des Kurparks an das kaiserliche Paar erinnern. Bei der Enthüllung des Denkmals seiner Mutter im Jahr 1901 soll Kaiser Wilhelm II. eine eher kühl wirkende Rede auf sie gehalten haben, in der offenbar sein schwieriges Verhältnis zu ihr leise anklang. Dafür sang der Schulchor des

Gymnasiums, das 1900 den Namen »Kaiserin-Friedrich-Schule« erhalten hatte, eine vom Direktor gedichtete weihevolle Lobeshymne, die wohl der Kategorie der zu Recht nicht berühmten literarischen Erzeugnisse zuzurechnen ist: »Wir nennen hohe Fürstin, / mit Stolz die unsre dich, / warm schlagen Dir am Taunus / die Herzen ewiglich. / Dein Geist umschwebt das schöne Land, / das Deine Huld so reich empfand.«

Als Kronprinzessin Victoria hatte sie zum ersten Mal während des deutsch–französischen Krieges mit ihren Kindern im Landgrafenschloß gewohnt, das sie sich von Baurat Jacobi wohnlich herrichten ließ. Ihn beauftragte sie damals auch, im Hof der Homburger Kaserne, ein Musterlazarett zu errichten, dessen Patienten sie persönlich betreute. Überhaupt zeigte sich die englische Königstochter, die nach dem Tod ihres Mannes von 1889 bis 1893 erneut monatelang in Homburg war, um den Bau ihres Kronberger Witwensitzes Schloß Friedrichshof zu verfolgen, in beiden Wohnorten als aktive und sozial engagierte Frau.

Die Ära Wilhelm II.

Erst in der Regierungzeit Wilhelm II. (1859–1941) wurde Homburg wirklich zur kaiserlichen Sommerresidenz: Der letzte deutsche Kaiser entwickelte geradezu ein Faible für das Landgrafenschloß und Homburg, und diese Vorliebe wurde von seiner ganzen Familie geteilt: Zwischen 1897 und 1918 waren er, seine Frau Auguste Viktoria, die sieben Kinder und sein zahlreiches Gefolge in jedem Jahr meist mehrere Wochen hier. Die alten Mauern füllten sich mit Leben, das Herrscherpaar lud zu Diners und Jagdgesellschaften ein, 1897 und 1905 fand sich der europäische Hochadel zu den Kaisermanövern ein. Auch im Sommer machte die Politik keine Pause: Wie der preußische Marinenminister Admiral von Tirpitz, der sich in Homburg mit dem Monarchen über die Folgen des Boxeraufstands beriet, kamen auch andere Regierungsmitglieder in die Kurstadt. Für den würdigen Empfang der hochgestellten Besucher wurde 1907 der schmucke Fürstenbahnhof neben dem gleichzeitig entstandenen neuen Bahnhofsgebäude gebaut. Mit seinem von zwei Atlanten getragenen Portal erhielt er ein majestätisches Gesicht. Die Innenräume, Halle und Fürstensalon nebst einem Zimmer für die Begleitung, wurden mit Stuck- und Holzarbeiten reich verziert, zudem mit bunten Glasfenstern, die später ins Nürnberger Verkehrsmuseum gelangten. Denn 1918 waren die Zeiten des Fürstenbahnhofs naturgemäß vorüber. Als die Bundesbahn den historischen Bau Anfang der siebziger Jahre abreißen lassen wollte, tat sich eine Initiative zu seiner Rettung auf. Schließlich wurde er von der Stadt erworben, sorgfältig restauriert und einer neuen Bestimmung zugeführt: Heute treffen sich hier keine Fürsten mehr, sondern Jugendliche bei ohrenbetäubender Musik.

In dieser »Kaiserzeit« war Homburg mehr denn je »en vogue«, und die Anwesenheit des deutschen Herrscherpaars zog ganze Scharen vornehmer Gäste und gesellschaftlich ambitionierter Emporkömmlinge nach sich: Die große Welt – und was sich dafür hielt – reiste nun besonders gerne in das Kurbad vor den Taunushöhen. Unterhaltung, auch fortschrittlichster Art, gab es genug: So fand 1904 – zum ersten Mal in Deutschland – das Gordon-Bennett-Rennen statt, das der Verleger des »New York Herald« James Gordon Bennett, ein begeisterter Anhänger des Automobilsports, 1900 ins Leben gerufen hatte. Die 140 Kilometer lange Rundstrecke führte von Homburg durch den Taunus. Auf der Saalburg hatte Baurat Jacobi zwei gegenüberliegende Tribünen im nur mäßig passenden »altrömischen Stil« mit einer Loge für das Kaiserpaar aufstellen lassen. Das Publikum kam in Scharen: eine Million Zuschauer sollen es gewesen sein. Wiederbelebt wurde das Gordon-Bennett-Rennen im Jahr 1987: Die Teilnehmer fahren in Oldtimern, die aus der Zeit vor 1950 stammen müssen, um die Wette. Als Lohn winkt der Coup Gordon Bennett, den die »New York Herald Tribune« gestiftetet hat. Als »Mutter von Carlo« wurde Bad Homburg zudem 1975 zu einem Ausgangspunkt der Sternfahrt »Rallye von Monte Carlo« erkoren.

Leila von Meister

Homburger Landrat war um die Jahrhundertwende Wilhelm von Meister, und seine Frau Leila hat uns in ihren Memoiren »Gathered Yesterdays« ein anschauliches Bild von dieser glanzvollen Homburger Epoche hinterlassen. Die in England aufgewachsene Amerikanerin wurde von Wilhelm II. sehr verehrt. Kein Wunder: Leila von Meister war jung, schön und gebildet, – daß sie mit erfrischender Natürlichkeit und schlagfertigem Witz zu reagieren pflegte, wenn der Monarch sich mit ihr unterhielt, fand er offensichtlich besonders anziehend. Das Landratspaar wurde natürlich ins Schloß eingeladen, und der Kaiser war mehrmals in der Villa Meister an der Promenade zu Gast, schätzte Leilas Gitarrenspiel, aber auch die hauchdünnen Sandwiches, die ihre Köchin statt der üblichen »teutonischen Belegten Brote in Matratzendicke« herstellen mußte. Bald entwickelte sich eine dauerhafte Freundschaft, Leila spielte in ihren Berliner Jahren eine glänzende Rolle in der Hofgesellschaft, und Wilhelm II. übernahm die Patenschaft für ihr erstes Kind. Aber bei aller Sympathie sah sie den Kaiser keineswegs unkritisch, bedauerte vor allem seine politische Impulsivität. Seinen Hang zu steifer Theatralik hielt sie allerdings für einen typisch deutschen, weitverbreiteten Wesenszug. Wie lächerlich sie mitunter die Etikette in ihrer neuen Heimat fand, beschreibt sie in »Gathered Yesterdays«.

»Homburg, September 1900. Kürzlich wurde ich in die Mysterien deutscher Geselligkeit in offiziellen Kreisen eingeführt. Ich kann nicht sagen, daß ich mit fliegenden Fahnen daraus hervorging. Ich war zum Tee bei der Frau des Majors eingeladen. Die Einladung war für halb fünf. Da ich nicht wußte, wie ernst man solche Vergnügungen hier nimmt, kam ich zehn vor fünf an und fand zwölf hutlose Damen, die offensichtlich auf mich warteten. Faux pas No. 1! Denn ich lernte später, daß man in offiziellen Kreisen fünf Minuten vor der Zeit kommt und daß Damentees als seriöse Veranstaltungen betrachtetet werden und nicht als ›happy-go-lucky‹-Treffen wie bei uns. Als ich ankam, wurde ich von einem schüchternen kleinen Dienstmädchen dazu gedrängt, doch meinen Hut abzunehmen. Aber wie es bei Engländerinnen üblich ist, die den ganzen Tag über mit ihren Hüten wie verwachsen sind

Start zum historischen »Gordon-Bennett«-Rennen

und diese dem Vernehmen nach erst ablegen, wenn sie zu Bett gehen, lehnte ich ab. Faux pas No. 2!, denn ich sah bald, daß alle Damen ihren Hutschmuck in der Halle gelassen hatten. Ich fühlte mich ziemlich ungemütlich in dieser seltsamen Runde... Plötzlich öffnete sich die Tür zum Eßzimmer, wir marschierten ein und wurden alle feierlich nach der Rangordnung an einem Tisch placiert, der zu ächzen schien unter all den riesigen Kuchen und Torten, die das deutsche Hausfrauenherz so liebt. Als »Frau Landrat« saß ich neben unserer Gastgeberin und war daher gezwungen, von allem zu nehmen, bis ich mich wie eine Straßburger Stopfgans fühlte. Wir saßen schon mindestens eine Stunde bei Tisch, und ich überlegte gerade, ob ich aufbrechen könnte, als das schüchterne Dienstmädchen mit einem Tablett voller Champagnergläser hereinstolperte und erfolglos versuchte, deren Überschwappen zu verhindern. Die Gastgeberin verfolgte mit besorgten Blicken ihr Tun, bis wir alle versorgt waren. Dann wandte sich die Frau Major mir zu und trank mit einer Verbeugung auf meine Gesundheit. Glücklicherweise erinnerte ich mich daran, daß ich

Vor dem Kaiser-Wilhelms-Bad

KAISER WILHELMS BAD

etwas ähnliches vor vielen Jahren bei einer Schulfeier erlebt hatte und wußte daher, daß eine Antwort von mir erwartet würde. Ich dankte der Frau Major nur kurz, um mich nicht grammatikalisch zu verheddern, und nach einer Pause schaute ich mich am Tisch um, weil ich mich erneut danach sehnte, zu fliehen. Keine Rede davon. Das Dienstmädchen war wiederum auf dem Kriegspfad, dieses Mal mit Eisbechern auf dem Tablett. Das war das Ende, ich konnte wirklich nichts mehr essen. So schützte ich Zahnschmerzen vor und lehnte höflich ab. Daraufhin erhob sich ein Chor des Beileids, daß ich dazu verdammt sei, diesen gloriosen Höhepunkt der Teegesellschaft zu verpassen.«

Neue Räume für das Schloß

Das Klo im Eichenschrank und das Telefon – einst mit direkter Leitung zum Berliner Schloß – im Frankfurter Schrank, der kunstvoll zur ungewöhnlichen Telefonzelle umfunktioniert wurde: Diese originellen Raumlösungen entstanden, als Wilhelm II. das Schloß von Baurat Louis Jacobi umbauen ließ. Im Königsflügel wurden Appartements für das Kaiserpaar eingerichtet, zwei von Georg Moller 1835 geschaffene Assembléezimmer verwandelten sich in den »Gelben Saal«, der im Louis XV-Stil mit eingebauten Pfeiler- und Kaminspiegeln ausgestattet wurde. Wie in den anderen preußischen Königsschlössern auch, wurde in das Arbeitszimmer von Kaiser Wilhelm II. ein Stehpult mit dem obligatorischen Sattelsitz gestellt. Ins Arbeitszimmer der Kaiserin kam eines der reizvollsten Möbel des Schlosses: der sogenannte Hundertfächerschrank, der 1743 – wohl kurz nach seiner Herstellung – in den Besitz von Landgraf Friedrich III. gelangte und mit eingelegten Vogel- und Pflanzenmotiven verziert ist. Die kaiserlichen Räume, die in ihrem Originalzustand erhalten sind, richtete man überhaupt mit prachtvollen Möbeln ein: Einige stammen aus der Werkstatt von David Roentgen (1745–1807) und wurden in der Landgrafenzeit für das Schloß erworben. Ein erstaunliches Geschenk erhielt der Kaiser 1901 von einer russischen Generalswitwe: Säulen, Säulenkapitelle und Kämpfer aus dem Kreuzgang der romanischen Abtei Brauweiler. Jacobi konstruierte aus diesen

Architektur-Fragmenten, die er durch exakte Reproduktionen ergänzte, eine »Romanische Halle« und baute sie an den Bibliotheksflügel des Schlosses an.

Louis Jacobi

Seit 1892 leitete der Homburger Baurat Louis Jacobi (1836–1910) den Umbau des Schlosses, »das unter seiner glücklichen Hand zu einem behaglichen und mit allen hygienischen Einrichtungen versehenen Herrschaftssitz umgewandelt worden ist.« Seine Biographie ist die Geschichte eines steilen Aufstiegs: Als Sohn eines landgräflichen Kammerdieners und Leiblakaien wuchs Jacobi in ärmlichen Verhältnissen auf und wanderte auf der Suche nach einem besseren Leben schon mit 14 Jahren nach Amerika aus. Als tüchtiger Schreiner kehrte er 1856 zurück, studierte an der Polytechnischen Hochschule in Karlsruhe und wurde Bauleiter beim Cluysenaarschen Kurhaus-Umbau. Seither war er ein gefragter Architekt, der seine Liebe zum Historismus mit einem ausgeprägten Sinn für harmonische Proportionen verband. Louis Jacobi hat in Homburg klassizistische Villen, gotisierende Kirchen und Kapellen, Denkmäler, die Marktlauben in einem nachempfundenen mittelalterlichen Fachwerk-Stil gebaut und 1910 Ritter's Parkhotel umgestaltet. Sein Hauptwerk, das monumental wirkende Kaiser-Wilhelms-Bad, entstand 1890 im Stil einer ziemlich frei interpretierten Hochrenaissance. Der feierliche Säulenportikus und die gewaltige Kuppel des dominierenden Mittelbaus erinnern an italienische Kirchenbauten aus der Zeit um 1500. Der einst »mit allem Comfort der Neuzeit« ausgestatte Bau verlor im Lauf der Zeit seinen Glanz, wurde aber in den letzten Jahren vorbildlich restauriert und unter Wahrung des historischen Bildes zu einem modernen Therapiehaus umgebaut.

Ave Saalburg!

Kaiser Wilhelm II. schätzte Louis Jacobi sehr, und die gemeinsame Begeisterung für die Saalburg führte zu einer freundschaftlichen Verbindung zwischen ihnen. Der autodidaktische Archäologe Jacobi beteiligte sich mit großem Eifer an den 1853 einset-

Der Eingang zur Saalburg

zenden Ausgrabungen des Limes-Kastells Saalburg, das nach der Zerstörung um 233 n. Chr. jahrhundertelang vergessen war und und seit dem Mittelalter sogar als Steinbruch diente. Als er die Ergebnisse der Ausgrabungen 1894 in seinem zweibändigen Werk »Das Römerkastell Saalburg bei Homburg vor der Höhe« veröffentlichte, war Wilhelm II. fasziniert: Schon als Kind hatte ihn die Saalburg enorm beeindruckt. Nun ließ er von Jacobi den letzten römischen Bauzustand wiederherstellen, die Ringmauer mit den vier Toren, in der Lagermitte die Principia mit zwei Höfen, Verwaltungsräumen und dem Fahnenheiligtum; das einstige Magazin wurde als Museum wiedererbaut. Zur Grundsteinlegung am 11. Oktober 1900, die mit größtem Pomp im römischen Stil gefeiert wurde, erschienen neben der kaiserlichen Familie Tausende von Gästen aus dem In- und Ausland. Es war ein epochales Ereignis, das der Kaiser zum Anlaß nahm, das römische Weltreich und zugleich Deutschlands Zukunft zu beschwören. Die Zeitungen beschrieben die Feierlichkeiten ehrfurchtsvoll und enthusiastisch, aber Leila von Meister hatte einen etwas anderen

Eindruck: »Der Kaiser und die Kaiserin stellten sich mit ihrem Gefolge und einer Schar von hiesigen offiziellen Repräsentanten und Gästen in Uniform in einem weiten Halbkreis auf. Sie sahen würdig, wenn nicht sogar imposant aus. Auf einer großen leeren Fläche, wo später das Hauptgebäude stehen soll, hatte man vor dem Hintergrund des wunderschönen Tannenwalds einen römischen Tempel errichtet, der ziemlich wacklig, unwirklich und, wie ich dachte, verloren und schäbig aussah. Einen Moment lang herrschte Stille. Dann trat aus der Vorhalle des falschen Tempels ein ebenso falscher »alter Römer« hervor. Er war in eine Toga gehüllt und trug eine scheußlich gekrauste blonde Perücke auf seinem von einem Lorbeerkranz gekrönten Haupt... In einer fürchterlich theatralischen Stimme, die vor künstlicher Gefühligkeit zitterte, ließ er eine blumige Rede in schlechten Versen vom Stapel, die mit »Ave Caesar!« begann und gute zwanzig Minuten dauerte. Die übertriebene Ausdrucksweise und das lächerliche Spektakel eines Römers in Toga im hellen Tageslicht eines kühlen Herbstmorgens beeindruckten mich überhaupt nicht. Ich fühlte mich absolut unwohl und haßte das Ganze, weil ich nur einen Wunsch hatte: zu lachen.«

Neuer Titel, neuer Name und eine Episode

Die Feierlichkeiten auf der Saalburg nahm der Kaiser zum Anlaß, Bürgermeister Dr. Tettenborn zum ersten Homburger Oberbürgermeister zu ernennen. Das Recht zur Verleihung dieses Titels, der ihm bei den zahlreichen Repräsentationspflichten eines Stadtoberhaupts in der kaiserlichen Sommerresidenz angemessen erschien, übte Wilhelm II. bis zum Ende der Monarchie aus.

Zu den ersten Homburger Oberbürgermeistern der Kaiserzeit gehörte Walter Lübke, der dieses Amt von 1907 bis 1924 innehatte. Sein Name weist eine erstaunliche literarische Verbindung auf: Als junger Rechtsassessor in Hamburg war er kurz mit Franziska Gräfin zu Reventlow verheiratet, die wegen ihres lockeren Lebenswandels als das schwarze Schaf ihrer holsteinischen Familie galt und später eine bekannte Schriftstellerin wurde. Das ungleiche Paar lernte sich 1883 kennen, nachdem »Fanny« aus

An der Saalburg-Wehrmauer

dem Pfarrhaus in Adelby entflohen war, wo sie unter Kuratel stand; die Hochzeit fand ein Jahr später statt. Fanny ging nach München, studierte Malerei und lebte in den Schwabinger Künstlerkreisen so wild und fröhlich wie eh und je. Daß ihr junger Ehemann, beseelt von den emazipatorischen Ideen Henrik Ibsens, sie ziehen ließ und mit Geld versorgte, hinderte sie nicht daran, sich mit anderen Männern einzulassen. Nach einer Fehlgeburt war sie zwar kurz bei Walter Lübke, betrog ihn dann aber in München erneut. 1895 gestand sie ihm alles, und es kam zur Scheidung.

Daß Homburg seit dem Aufblühen des Kurbetriebs immer öfter »Bad Homburg« genannt wurde, hatte Landgraf Ferdinand überhaupt nicht gern gesehen, weil er dies als Verleugnung der jahrhundertelangen Geschichte der Stadt als landgräfliche Residenz empfand. Diesen Ehrentitel durch den »merkantilistischen eines Bades« zu ersetzen, lehnte er entschieden ab. Der Kaiser dachte anders: Auf seinen Einfluß hin erhielt die Stadt 1912 den amtlichen neuen Namen »Bad Homburg vor der Höhe«. Das Stadtgebiet hate sich elf Jahre zuvor durch die Eingemeindung von Kirdorf beträchtlich erweitert.

Erlöserkirche

Altes Rom und Christentum: In seinen Homburger Jahren galt Wilhelm II. besonderes Interesse neben der Saalburg vor allem dem Bau der Erlöserkirche, die heute als bedeutendende Sakralarchitektur des Historismus gilt. Zu diesem Projekt kam es, nachdem sich die reformierten und lutherischen Christen 1901 zur Homburger evangelischen Gemeinde vereinigt hatten und der Wunsch nach einem neuen großen Gotteshaus immer dringlicher wurde. Der Kaiser überließ daraufhin der Pfarrgemeinde das mit dem preußischen Forsthaus bebaute Grundstück gegenüber des Sinclair–Hauses: Für diese schöne Lage auf dem höchsten Punkt soll ihm der Limburger Dom als Vorbild gedient haben. Die Kaiserin übernahm die Schirmherrschaft über den Neubau, der nach den Plänen der Berliner Bauräte Max Spitta und Franz Schwechten in den Jahren 1903 bis 1907 entstand. Am 17. Mai

1908 fand die feierliche Einweihung der Erlöserkirche im Beisein des Kaiserpaars statt. Sie ersetzte nun die barocke Schloßkirche, die entwidmet wurde und bald in Vergessenheit geriet: Jahrzehntelang als Lagerraum benutzt, verfiel sie immer mehr, bis sie vor einigen Jahren durch das Engagement Bad Homburger Bürger restauriert wurde.

»Der Maikäfer kommt!«

Die Bauarbeiten an der Erlöserkirche überwachte der Oberhofmeister der Kaiserin, Ernst Freiherr von Mirbach, mit solchem Eifer, daß die Maurer mit dem Ruf »Der Maikäfer kommt« ihr wohlverdientes Frühstück erschrocken abzubrechen pflegten, wenn sie ihn vom Schloß herbeieilen sahen. Und als witziges Miniatur-Andenken an den kaiserlichen Aufseher meißelten sie schließlich einen Maikäfer in das Fußkapitell einer Kirchensäule: Den Spitznamen verdankte Mirbach seiner braunen Uniform, die er als Angehöriger des Berliner Gardefüsilier-Regiments trug.

Goldmosaiken und ferner Orgelklang

Neoromanische und neubyzantinische Formen bestimmen den zentralen Kuppelbau, dessen Hauptportal St. Gilles in Arles nachempfunden zu sein scheint. Innen ist die Erlöserkirche von großartiger, an den Markusdom in Venedig erinnernder Raumwirkung, auch durch die reichen Goldmosaiken: Als zentrales Motiv der biblischen Darstellungen erscheint das Bild des Pantokrators in der Apsis. Die große romantische Sauer-Orgel mit drei Manualen, 61 Registern, 3.692 Pfeifen und dem Fernwerk ist ein Werk des bedeutenden königlich preußischen Hoforgelbauers Wilhelm Sauer (1821–1916) aus Frankfurt an der Oder.

Marienkirche

Die mächtigen Türme der Erlöserkirche und Sankt Marienkirche bestimmen seit der Jahrhundertwende die Silhouette der Stadt: Das katholische Gotteshaus wurde im neogotischem Stil 1892–95 nach den Plänen des Mainzer Dombaumeisters Ludwig Becker errichtet. Auch hier entstand ein Innenraum von eindrucksvoller Weite. Der reich gestaltete Hochaltar stammt aus dem Jahr 1910, die Kreuzwegstationen sind typische Werke des Historismus. Die farbigen Glasfenster hat der Städelschul-Professor Ferdinand Lammeyer nach dem Zweiten Weltkrieg geschaffen. In einer Seitenkapelle befindet sich der Steinabguß der »Homburger Pietà« aus dem späten 14. Jahrhunderts; das Original ist heute im Limburger Diözesanmuseum zu sehen.

Synagoge

Der dritte bedeutende Homburger Sakralbau des 19. Jahrhunderts war die neue Synagoge, die in der Elisabethenstraße gegenüber der alten, längst zu klein gewordenen Synagoge im Jahr 1866 errichtet wurde: Seit 1355 waren in Homburg Juden ansässig, die bis zu ihrer staatsbürgerlichen Gleichstellung im Jahr 1848 in der Judengasse, der heutigen Wallstraße wohnen mußten.

Als architektonisches Vorbild des Neubaus diente offenbar die kurz zuvor vollendete Berliner Synagoge in der Oranienburgerstraße, die maurisch inspiriert und mit einer schlanken Kuppel gekrönt war. »Das Äußere macht einen imponierenden Eindruck;« schrieb Louis Jacobi über das Werk seines Kollgen Christian Holler, »die vier Türme bringen Abwechslung in die sonst einfache Fassade, durch ihre Vorsprünge werden kräftige Schlagschatten erzielt. Die Verhältnisse des Ganzen, edel und kräftig, verfehlen nicht ihre Wirkung.« In der »Reichskristallnacht« des 9. November 1938 wurde die Synagoge zerstört. Auf dem Grundstück entstand in der achtziger Jahren der Neubau der Volkshochschule, ein erhaltenes Synagogenfenster wurde zu einem schlichten Denkmal zur Erinnerung an die ermordeten Bad Homburger Bürger jüdischen Glaubens.

Russische Kirche – »Attentat auf den Mächtigen«

Dostojewski und die Gräfin Kisselew zählten zur Prominenz der russischen Gäste im Homburg des 19. Jahrhunderts, deren Zahl ständig zunahm und mit 2279 im Jahr 1913 ihren höchsten Stand erreichte. Einer der treuesten Besucher der Kurstadt war der Staatsrat Alexander I. Poworow, der als charmanter »Rosenkavalier« jeder hübschen Passantin eine Rose zu verehren pflegte. Aber er hatte auch ernsthaftere Wesenszüge: Überzeugt von der Notwendigkeit, für die zahlreichen russischen Kurgäste in Homburg eine eigene Kirche zu bauen, wurde er zum Mäzen und eifrigen Spendensammler. Seine Initiative hatte Erfolg: Nach den Plänen des berühmten russischen Architekten Louis Benois und unter Jacobis Leitung wurde die russisch-orthodoxe Allerheiligen-Kirche von 1896 bis 1899 im Kurpark erbaut. Jacobi entwarf auch die elegant drapierten, mit dem russischen Reichsadler geschmückten weißen Festzelte für die feierliche Grundsteinlegung, die für Homburg zum Ereignis des Jahres 1896 wurde: Zar Nikolaus II. und Zarin Alexandra sowie die Kaiserin Friedrich führten die illustre Gästeliste an.

Der relativ kleine Zentralbau im historisierenden altrussischen Stil des 16. / 17. Jahrhunderts, wegen seiner Märchenhaftigkeit auch »Hähnchenstil« genannt, wurde außen und innen höchst kunstvoll gestaltet. Auch das 1909–1911 von Louis Jacobi in der Poworoffstraße (heute Am Elisabethenbrunnen) erbaute Pfarrhaus mit einem Hospiz für bedürftige Kurgäste weist russische Stilelemente auf. Der blühenden russisch–orthodoxen »Sommergemeinde« war freilich ein jähes Ende beschieden, als im Jahr 1914 alle Russen aus Deutschland ausgewiesen wurden. Wie prächtig gekleidete, mit Gepäck beladene russische Damen die Kurstadt verlassen, dokumentieren Fotografien aus jener Zeit.

Auch in Homburg spiegelte sich das nahende Ende eines Zeitalters. Die russische Oktoberrevolution wird in Edzard Schapers 1957 erschienenem Roman »Attentat auf den Mächtigen« wie in einer Vorahnung geschildert. Schauplatz der Geschichte ist »die berühmte Bäderstadt im ehemals preußischen Vorland«, wo der greise russische Oberprocureur Pobjedonoszew im Frühsommer des Jahres 1901 zur Kur weilt. Dieser mächtigste aller zaristischen

Russische Kirche

Minister, der vom Glauben an das »heilige Rußland« erfüllt ist und erbittert gegen alle reformfreudigen Tendenzen kämpft, soll zur Zielscheibe jugendlicher Anarchisten werden. Aber statt des geplanten Anschlags auf sein Leben kommt es zu einem bewegenden Gespräch zwischen dem überzeugten Anhänger der bestehenden Ordnung und der schönen jungen Attentäterin – über Freiheit, Liebe und Macht.

Für die Homburger Allerheiligen-Kirche kam es mit den russischen Flüchtlingen nach dem Zweiten Weltkrieg zu einem Neubeginn, die zum aktiven russsisch-orthodoxen Gemeindeleben von heute führte. Die schöne Ikonostase wurde mit dem Handwagen aus ihrem Kriegslager im Schloß geholt, und nach langer Pause begannen 1945 die Gottesdienste wieder regelmäßig stattzufinden. Die schon von Benois geplante Ausmalung des Innenraums realisierte der Ikonenmaler Adam W. Russak im Jahr 1981.

Siamesischer Tempel

Einem magenkranken fernöstlichen Potentaten verdankt Bad Homburg eines seiner spektakulärsten Bauwerke: König Chulalongkorn von Siam, der mit seinem eindrucksvollen Hofstaat 1907 zur Kur kam, war von deren Erfolg so begeistert, daß er seine Dankbarkeit mit einem würdigen Geschenk ausdrücken wollte. Drei Jahre später schickte er einen siamesischen Brunnentempel, in Einzelteile zerlegt, auf dem Seeweg nach Homburg. Das Bauwerk kam ziemlich beschädigt an und konnte erst 1914 im Kurpark aufgestellt werden. Nach erneuten Restaurierungen, die im Lauf der Zeit nötig waren, erstrahlt der »Thai Sala« genannte Tempel, der immer wieder von Mitgliedern des thailändischen Königshauses besucht wird, jetzt wieder in seinem ursprünglichen bunten Glanz.

Auguste-Victoria-Brunnen

Brunnenarchitektur

»Der Kaiser in Homburg beschäftigt sich mit dem Bau eines Brunnentempels, macht eine Fahrt nach der Saalburg und lehnt es ab, einen Bericht Hindenburgs von der Lage im Osten zu lesen, weil er keine Zeit habe«: Für die lokalen Aktivitäten seines Monarchen zeigte Admiral von Müller, der Chef des Marinekabinetts, wenig Begeisterung. Aber Wilhelm II. war seine Homburger Sommerheimat nun einmal »lieb und teuer« geworden, und diese Verbundenheit wird an zwei reizvollen Brunnenarchitekturen im Kurpark sichtbar: Für den Elisabethenbrunnen mit dem berühmt heilkräftigen Wasser, das wegen seines Wohlgeschmacks sogar euphemistisch als »Riesling« der Homburger Quellen bezeichnet wurde, entwarf der Kaiser mitten im Ersten Weltkrieg einen antikisierenden Rundtempel mit großzügiger Treppenanlage. Das Geld für diese Neugestaltung hatte ein dankbarer Kurgast aus Krefeld gestiftet. Den »Verzierungsbau« für einen 1906 erbohrten Brunnen, der nach seiner Frau Auguste-Viktoria-Brunnen genannt wurde, hatte der Kaiser im Jahr 1910 konzipiert. Auch hier entstand ein Monopteros: Mit seinen korinthischen Säulen und einer grünkupfernen Kuppel, deren geschuppte Oberfläche von Pinienzapfen bekrönt ist, verweist dieser Bau ebenso deutlich wie der Elisabethenbrunnen auf antike Vorbilder.

Ohne kaiserliche Mitwirkung entstand im Jahr 1903 der nicht mehr erhaltene Überbau des Landgrafenbrunnens, dessen Quelle 1899 erbohrt worden war. Verschwunden ist auch der hübsche gußeiserne Tempel über dem Louisenbrunnen, der ebenso wie der Stahlbrunnen 1856/57 im Auftrag der Brüder Blanc erbohrt wurde. In der Blanc'schen Ära wurden zwei weitere Brunnen neu erschlossen, erheblich vertieft und mit neuen Fassungen versehen: Der Kaiserbrunnen erhielt ein rundes gußeisernes Gitter, das unverändert erhalten blieb, und der Ludwigsbrunnen eine reizvolle Grottenarchitektur.

Der Erste Weltkrieg – Ende der Homburger Kaiserzeit

In ganz Deutschland herrschte Jubel, als der Erste Weltkrieg ausbrach. Die Stimmung in Bad Homburg im August 1914 schilderte Yitzhak Sophoni Herz, der damals neun Jahre alt war, in seinem Buch »Meine Erinnerung an Bad Homburg und seine 600-jährige jüdische Gemeinde (1335–1942)«, das er 1981 veröffentlichte: »Für uns Kinder war es ein besonderes Vergnügen, durch die Straßen Homburgs spazierenzugehen. Junge Leute – Arm in Arm – stolzierten den Bürgersteig entlang und sangen patriotische Lieder. Ein Lieblingslied war die ›Wacht am Rhein‹ ... mit dem aus allen Richtungen tönenden Reim: ›Lieb Vaterland magst ruhig sein! Fest steht und treu die Wacht am Rhein!‹ Es kann kein Zweifel sein, daß mit dem Singen der Nationalhymne ›Deutschland, Deutschland über alles‹ die Homburger ihr Nationalgefühl am meisten bekundeten. Die Kapellen des 80er Bataillons und der Feuerwehr sowie das Kurorchester gaben Freikonzerte auf dem Marktplatz, vor dem Kurhaus oder im Kurpark. Sie spielten deutsche Märsche, von denen man als die beliebtesten immer wieder ›Preußens Gloria‹, den ›Torgauer‹ oder ›Fridericus Rex‹ vernehmen konnte. Mit Sang und Klang in einem festlichen Freudentaumel marschierten Homburgs Bürger in den Krieg...«.

Die Begeisterung hielt, wie man weiß, nicht lange an und wich überall im Land wachsender Not und Verzweiflung. Viele Bad Homburger Soldaten verloren ihr Leben oder kehrten schwer verwundet aus dem Krieg zurück. Reservelazarette wurden im Sanatorium Dr. Baumstark und in mehreren Hotels eingerichtet. Durch die großherzige Stiftung von Gustav Weigand, dem früheren Inhaber des Hotels »Viktoria«, konnte das Hotel »Augusta« 1916 zum Militärgenesungsheim für »Unteroffiziere und Mannschaften« umgewandelt werden. Nach 1919 diente die »Gustav Weigand-Stiftung« als Kuranstalt für Kriegsbeschädigte. Auf dem Grundstück des 1977 geschlossenen Genesungsheims befinden sich heute das »Kurstift« und die »Louisenarkaden«; die hübsche Fassade des einstigen Hotels »Augusta« blieb zum Teil erhalten.

Die Existenz Homburgs als mondänes Kurbad fand mit dem Jahr 1914 ein Ende. Die englischen, französischen, russischen und belgischen Kurgäste wurden im Sommer 1914 ausgewiesen, viele deutsche reisten von sich aus ab, die Fremdenbetten blieben leer. Bald kamen aber erholungsbedürftige Soldaten mit ihren Familien zur Kur, und im Kriegssommer 1916 war ihre Zahl sogar höher als die der letzten »Friedensgäste«. Ein Jahr vorher suchte der Arzt und Nobelpreisträger Paul Ehrlich das Sanatorium Dr. Pariser auf, starb aber schon nach wenigen Wochen. An den berühmten Kurgast erinnern die Paul-Ehrlich-Klinik der Bundesversicherungsanstalt und der Paul-Ehrlich-Weg.

In den Kriegsjahren wurden Lebensmittel und Heizmaterial auch in der Kurstadt immer knapper. Die Entbehrungen der Bad Homburger Bürger standen in scharfem Kontrast zum Leben in der kaiserlichen Residenz: Waren Wilhelm II. und sein Hofstaat anwesend, lieferte ein Bäcker jeden Morgen Körbe voller Brötchen und Brot in der Schloßküche ab, und im Schutz der Nacht kam eine ganze Ladung Anthrazitkohlen im Schloß an. Aufgrund solcher Beobachtungen nahm die Hohenzollernbegeisterung der Homburger rapide ab. Sie fingen an zu zweifeln, schrieb Yitzhak Sophoni Herz, »ob die Mitglieder der kaiserlichen Familie sich wirklich bewußt waren, wie sehr die deutsche Bevölkerung, und damit auch die Homburger, unter den schweren Kriegsbürden

Kuppel mit Preußenadler im Kaiser-Wilhelms-Bad

litten«. Erstaunt war man auch, wenn »Der Kaiser im Felde« auf dem Titelbild der Berliner Illustrierten erschien und unten rechts der Name »Hofphotograph Voigt«, Bad Homburg, stand; einige glaubten sogar den Schloßpark im Hintergrund zu erkennen.

In der Umgebung der Kaisers wurde die Kritik geteilt: »Die Butter beim Morgentee ist auf ein Scheibchen reduziert. Milch gab es nicht: Das einzig Kriegsmäßige im kaiserlichen Hauptquartier«, notierte Admiral Georg von Müller im März 1917 in seinem Tagebuch. Bad Homburg war von diesem Zeitpunkt an bis zum Frühjahr 1918 kaiserliches Hauptquartier. Müller äußerte sich zunehmend schärfer: »Der kaiserliche Hofhalt wird nachgerade zum öffentlichen Ärgernis mit seinem Nahrungsmittel- und Menschenaufwand«. Auf seine »ernste Mahnung, den Hofhalt und alles, was drum und dran ist, dem Notstand des Reiches anzupassen«, den Marstall zu reduzieren oder die Tafel zu vereinfachen, ging der Kaiser immerhin »sehr verständig« ein.

Der »Österreich-Tag«, zu dem sich am 3. April 1917 der Kaiser von Österreich, Hindenburg, Ludendorff und Reichskanzler von

Bethmann-Hollweg bei Wilhelm II. im Landgrafenschloß trafen, blieb ohne greifbare Ergebnisse. Im März 1918 kam die kaiserliche Familie zu ihrem letzten Besuch nach Bad Homburg. Einige Monate später versank die alte Welt.

Gegenwart und historisches Erbe

Stadtentwicklung

Am Ende des 20. Jahrhunderts zeigt sich Bad Homburg mit seiner reizvollen Lage als attraktiver Wohnort und beliebter Firmensitz. Kurbetrieb und Spielbank spielen auch ohne die längst entschwundenen hochherschaftlichen Gäste nach wie vor eine wichtige Rolle im Leben der Stadt. Internationale Kongresse finden statt, und das kulturelle Leben hat sich in den vergangenen fünfzehn Jahren erfreulich entwickelt: Keine Rede also von einer »Schlafstadt« für Frankfurt.

In Bad Homburg konnte man über einen Mangel an Geschichtsbewußtsein wohl selten klagen und das Interesse, sich mit dem »Gedächtnis der Stadt« zu beschäftigen, scheint in den letzten Jahren noch spürbar gewachsen zu sein. An Bedeutung gewonnen hat auch der respektvolle Umgang mit historischer Bausubstanz, der in der Nachkriegszeit wie überall ein ziemlich trübes Kapitel war: Ob es möglicherweise damals sinnvoll gewesen wäre, die Fassade des alten Kurhauses zu retten, ist eine inzwischen müßige, aber im Blick auf die Alte Oper in Frankfurt nicht uninteressante Frage.

Neues Leben in alten Mauern

Wie sich die Einstellung zum gewachsenen Stadtbild und zur Architektur vergangener Zeiten in den letzten hundert Jahren gewandelt hat, wird exemplarisch an der Bad Homburger Altstadt sichtbar, die heute ein reizvolles, lebendiges und keineswegs musealisiert wirkendes Viertel ist. Anfang des 20. Jahrhunderts zeigte man wenig Sinn für den allerdings kaum noch erkennbaren mittelalterlichen Charme dieses Stadtteils, als man hoch über dessen Häusern eine gewaltige Brücke errichtete. Diese im Jahr 1905 von dem verdienten Homburger Oberbürgermeister und späteren Landrat Dr. Ernst Ritter von Marx erbaute Brücke, die heute seinen Namen trägt, wurde damals als verkehrsplanerische Großtat gefeiert. Daß damit die untere Altstadt isoliert und zu einem Schattendasein verurteilt wurde, war Marx offenbar nicht bewußt. Die ärmlichen und windschiefen Häuser in den engen Gassen galten aber auch bei späteren Politikergenerationen nicht viel: In den sechziger Jahren gab es ernsthafte Pläne, das Viertel im damaligen Sinne zu »sanieren« und die historische Bebauung durch einen modernen Terrassenkomplex größeren Ausmaßes zu ersetzen. Daß die Altstadt damals nicht zubetoniert wurde, sondern schließlich nach umfassender Restaurierung ihren ursprünglichen Charakter zurückgewann, ist ein »happy end«, zu dem ein erfreulicher Mentalitätswandel und das Engagement vieler Bad Homburger Bürger wesentlich beigetragen haben.

Nicht immer ist es so gut ausgegangen: Die Sünden der Stadt- und Verkehrsplaner, auch der Architekten haben es ja leider an sich, daß sie in den seltensten Fällen wieder rückgängig gemacht werden können. Heute zeigt sich aber die Einsicht, daß es keine falsche Nostalgie ist, wenn eine Stadt, die zukunftsfähig bleiben will, auch ihr historisches Erbe pflegt.

Das Gotische Haus heute

Die entscheidende Frage ist, ob es gelingt, ein stadtgeschichtlich bedeutendes Bauwerk, das restauriert wurde, einer sinnvollen neuen Nutzung zuzuführen und es wieder mit Leben zu erfüllen: Ein außerordentlich positives Beispiel bietet das Gotische Haus, das nach einem wechselvollen Schicksal 1984 in neuem Glanze wiedererstand und seither das Stadtarchiv und das Museum beherbergt: Das 1916 in der Englischen Kirche eröffnete, damals sogenannte Städtische Historische Museum, dessen Grundstock die Homburgensien-Sammlungen der drei Schwestern Balmer sowie des Chronisten Johann Georg Hamel bildeten, hat hier nach mehrfachem Ortswechsel ein attraktives Domizil gefunden. Die Homburger Geschichte wird hier mit einer Fülle von ästhetisch reizvollen Objekten anschaulich: Fürstenporträts, Möbel oder alte Stadtansichten, der originalen Blanc'sche Roulettetisch oder das Hölderlin-Kabinett und das Hutmuseum vermitteln einen lebendigen und unterhaltenden Eindruck davon, wie es früher in der Stadt zuging. Die wohlproportionierten Räume des Gotischen Hauses werden zudem für Konzerte, Vorträge und Lesungen genutzt.

Schloßkirche

Daß die 1697 eingeweihte Schloßkirche aus ihrem jahrzehntelangen Dornröschenschlaf zu neuem Leben erwachte, ist Homburger Bürgern zu verdanken, die mit ihrem tatkräftigen Einsatz und vielen Spenden den entscheidenden Anstoß zur denkmalgerechten Wiederherstellung des nur noch als Abstellraum benutzten und heruntergekommenen Sakralbaus gaben. Seit Ende der achtziger Jahre präsentiert sich der lichte Kirchsaal mit den zweigeschossigen weißgefaßten Holzemporen wieder in seiner alten schlichten Schönheit. In der Schloßkirche finden heute Konzerte und andere kulturelle Veranstaltungen statt: Eine würdige neue Funktion.

Sinclair-Haus

Wie ein verfallenes und offensichtlich abbruchreifes Wohnhaus der Barockzeit nicht nur gerettet wurde, sondern durch eine ungewöhnlich originalgetreue Restaurierung auch seine authentische Aura zurüchkgewann, wird am Sinclair-Haus überzeugend sichtbar: Ästhetische Perfektion, handwerkliche Sorgfalt und weitgehende Materialgerechtigkeit sind noch im kleinstem Detail zu erkennen. Das 1978 von der Altana AG, Bad Homburg, erworbene und wiederhergestellte Sinclair-Haus stellt einen mäzenatischen Beitrag zum Homburger Stadtbild dar. Es wurde mit den hochrangigen Ausstellungen, die hier regelmäßig stattfinden, weit über die Grenzen Bad Homburgs hinaus zu einem Begriff.

Werner-Reimers-Stiftung

Die Werner-Reimers-Stiftung, ein anderes Beispiel Bad Homburger Mäzenatentums, trägt seit 1963 den Namen der Stadt in alle Welt: Als wissenschaftliches Tagungszentrum hat die Stiftung ein hohes intenrationales Ansehen. Die Tagungsthemen sind breit gestreut: Theorie der Geschichte, Poetik und Hermeneutik, Strafgesetzreform, moderne Sozialgeschichte, Max Webers Religionssoziologie sind nur ein kleiner Ausschnitt. Aus der Arbeit der Symposien, Kolloquien und Studiengruppen sind seit 1970 mehrere hundert Veröffentlichungen hervorgegangen.

Villenarchitektur

Die Villenarchitektur des 19. Jahrhundertes entfaltet ihren typischen Homburger Charme vor allem in der Promenade und deren Umgebung: Erfreulicherweise wurden hier viele der denkmalgeschützten Häuser von den Eigentümern sorgfältig restauriert. Zu den Gebäuden, bei denen es besonders gut gelungen ist, das reizvolle historische Bild wieder herzustellen, gehören beispeilsweise die »Villa am Kurpark« und die Nachbarvillen an der Promenade 59 und 61. Nicht weit davon stehen die 1872 von Christian Holler erbaute Villa Molitor mit der benachbarten Villa Czarina, wo sich heute das bezaubernde kleine Privatmuseum des Hausbesitzers befindet: Die Sammlung von Eric Leonhardt umfaßt Homburgiensien des 19. Jahrhunderts, darunter wunderschöne Badegläser, Bilder und Möbel oder köstliche »Charivari«-Karikaturen. Hübsche städtebauliche Ensembles zeigen sich aber auch am Schwedenpfad, in der Kisseleffstraße oder an Ferdinandstraße und -platz mit der 1864 errichteten »Villa Henriette«, anderen spätklassizistischen Bauten und der Englischen Kirche. Zu den beachtlichen Architekturen zählen etwa auch die Villa Hammelmann an der Louisenstraße oder die Villa Fürstenruhe an der Schönen Aussicht, die 1996 mit dem Hessischen Denkmalpreis ausgezeichnet wurde.

Englische Kirche

Die 1868 erbaute Englische Kirche, die seit 1916 nicht mehr als Gotteshaus dient, dämmerte lange vor sich hin. Vor einigen Jahren wurde das hübsche Gebäude von der Stadt umfassend renoviert und durch einen Funktionstrakt erweitert, um in der Innenstadt ein »Kulturzentrum« für Ausstellungen, Konzerte oder andere Veranstaltungen zu schaffen: Die Resonanz auf diese neue Einrichtung ist positiv.

So findet die Vergabe des international renommierten »Europäischen Fotopreises«, den die Deutsche Leasing AG ins Leben gerufen hat, alljährlich ein bemerkenswertes Publikumsinteresse.

Einst verfügte die Englische Kirche sogar über eine englische Orgel, denn in den goldenen Zeiten der Kurstadt war man bestrebt, den vornehmen Kurgästen aus England die vertraute heimische Atmosphäre auch im Gottesdienst und sogar bei der Kirchenmusik zu bieten. Deshalb wurde die Londoner Firma J. W. Walker & Sons im Jahr 1866 mit dem Bau einer Orgel beauftragt.

Die Bad Homburger Orgellandschaft

Diese Walker-Orgel, die in der Englischen Kirche jahrzehntelang funktionslos herumstand, machte der Magistrat 1953 der Heilig-Kreuz-Gemeinde im Bad Homburger Stadtteil Gonzenheim zum Geschenk. Wie wertvoll diese Gabe war, entdeckte man erst vor einigen Jahren: 1995 waren schließlich alle Spuren unsachgemäßer Restaurierungen wieder beseitigt, und seither ertönt das alte Instrument wieder in seiner typisch englischen, eher romantischen Klangqualität. Auch die nach landesüblicher Tradition farbige Fassung der Prospektpfeifen mit rot-blauen Ornamenten auf goldenem Grund kam wieder zum Vorschein: Die einzige englische Orgel des 19. Jahrhunderts in Deutschland stellt als kulturhistorische Rarität eine neue Bereicherung der Bad Homburger Orgellandschaft dar.

Diese Orgellandschaft ist deshalb so einzigartig, weil hier auf vergleichsweise engem Raum gleich mehrere bedeutende und

Die beiden Orgeln der Erlöserkirche

interessante Orgeln zu finden sind, die verschiedene Stilepochen des Orgelbaus und der Musikgeschichte repräsentieren und zudem oft eine enge Verbindung mit der Bad Homburger Geschichte aufweisen. Kein Wunder, daß das Orgelfestival »Fugato« international bekannte Musiker und zahlreiche Zuhörer anzieht.

Bach und Romantik: Die Orgeln der Erlöserkirche

Im Mittelpunkt steht die Erlöserkirche mit ihrer großartigen spätromantischen Sauer-Orgel: Sie wurde im Sinne der von Albert Schweitzer ausgehenden »Orgel-Erneuerungsbewegung«, die symphonische Klangfülle durch die besonders für Bach-Interpretationen erwünschte »sachliche« Klarheit ersetzen wollte, im Jahr 1940 teilweise barockisiert. Im Jahr 1993 wurde die Sauer-Orgel wieder in ihren ursprünglichen Zustand versetzt, wobei auch das Fernwerk restauriert wurde. Zusätzlich erhielt die Erlöserkirche eine zweite, die »Neue Bach-Orgel«, die sich in ihrer Disposition an einer – vermutlich von Johann Sebastian Bach 1742 entworfenen – Orgel im thüringischen Bad Berka orientiert.

Orgelecho in der Schloßkirche

In der benachbarten Schloßkirche ist das barocke Orgelgehäuse mit dem prachtvollen Prospekt von 1787 zwar erhalten geblieben. Aber die von dem Homburger Orgelbauers Johann Conrad Bürgy geschaffene Orgel, die eine für die damalige Zeit ungewöhnliche Größe besaß, nahm durch die Feuchtigkeit des Raums bald Schaden. Zudem wurden ihre Lederteile von Kirchenmäusen und -ratten angefressen, und am Karfreitag des Jahres 1877 gab sie endgültig keinen Ton mehr von sich.

In den Jahren 1987 bis 1988 wurde die Bürgy-Orgel so originalgetreu wie möglich und nach dem Vorbild anderer, kleinerer Bürgy-Orgeln rekonstruiert. Sie ist mit ihrem hellen und durchdringenden Klang besonders für die Musik des Spätbarock geeignet ist und verfügt auch wieder über eine Besonderheit des

Originals: Ein Werk ist als Echo angelegt, das die Töne wie von weither, also echohaft erklingen läßt, eine Wirkung, die man in der Barockmusik besonders schätzte.

Orgeln des 19. und 20. Jahrhunderts

In der kurz vor der Erlöserkirche errichteten Sankt Marienkirche stand zunächst eine 1906 von der Bonner Firma Klais geschaffene Orgel, die 1938 erweitert wurde. 1975 baute die gleiche Firma eine neue Orgel, bei der man eine Verbindung von Romantik und Moderne anstrebte.

Aus der Mainzer Werkstatt Dreymann, die zu den bedeutendsten Orgelbauern des 19. Jahrhunderts im der Rhein-Main-Region gerechnet wird, stammen die Orgeln in der Obererlenbacher St. Martinskirche (1841) und in der Kirdorfer St. Johanniskirche (1861). Die dritte der aus dem 19. Jahrhundert stammenden Bad Homburger Orgeln steht in der evangelischen Kirche in Obereschbach und wurde von der in Oberhessen damals führenden Werkstatt Wilhelm Bernhard gebaut. In diesen drei Orgeln verkörpert sich die kirchenmusikalische Auffassung der Romantik: Der Orgelbau jener Zeit suchte Ähnlichkeiten mit dem Klang weltlicher Musikinstrumente weitgehend zu vermeiden und strebte stattdessen einen gleichsam neutralen Klang an.

Erinnerung an Hölderlin

Wie wird heutzutage in Bad Homburg das Andenken an Friedrich Hölderlin gepflegt? Ein Hölderlin-Denkmal, 1883 im Kurpark vom Verein für Geschichte und Landeskunde errichtet, der Hölderlinweg in bester Wohnlage, die Hölderlin-Schule: Viele Jahre war der Umgang mit dem toten Dichter wohl eher pflichtgemäß. Simpler lokalpatriotischer Vereinnahmung entzieht er sich ohnehin. Authentische Orte der Erinnerung an Hölderlin sind in der Kurstadt heute kaum mehr zu finden. Eine kluge Entscheidung war es gewiß, im wiederaufgebauten Hölderlin-Haus keine nostalgische Erinnerungsstube einzurichten: Statt-

In der Schloßkirche

dessen wurde ein Domizil auf Zeit für Hölderlinforscher aus aller Welt geschaffen, das die Stadt in Form eines Wohnstipendiums seit 1987 an Gäste der Hölderlin-Gesellschaft vergibt.

Die Erinnerung an den Dichter wach zu halten, ist auch der Sinn des Friedrich-Hölderlin-Preises, der mit einem zusätzlichen Förderpreis seit 1983 alljährlich verliehen wird und heute zu den angesehensten literarischen Auszeichnungen in Deutschland gehört. Eine erkennbare Nähe zu Hölderlins Werk gehört vernünftigerweise nicht zu den Kriterien der Jury, die von 1983 bis 1994 von Marcel Reich-Ranicki geleitet wurde. Aber die Preisverleihungen, die stets am 7. Juni, dem Todestag des Dichters stattfinden, können zu Sternstunden werden. Eine von diesen Hölderlin-Sternstunden war der Vortrag »Vom Umgang mit Hölderlin und darüber reden«, den Martin Walser als Preisträger des Jahres 1996 hielt: »Wenn ich den Verachtungsgewohnheiten der Gegenwart begegne, die sich immer so öffentlichkeitsmächtig wie möglich in Szene setzen, dann bin ich unversehens und schnell wieder in den Hölderlinschen Sprachgärten, in seinen für immer blühenden Denksätzen, in seinen Wörterhallen und Wörterwelten, in seinen nie zu entspannenden Ausgesetztheiten, in seiner Zerstörbarkeit und in dem gegen sie für immer errungenen Wörterglück.«

Literatur

Angelika Baeumerth,
– 1200 Jahre Bad Homburg v.d.Höhe, Bad Homburg v. d. H. 1982
– »Es wimmelt von Fremden aller Nationen«, Marburg 1984
– Königsschloß contra Festtempel, Marburg 1990

Bad Homburger Hölderlin-Vorträge, 1986/87, 1988/89, 1990, 1992, Hg. Stadt Bad Homburg in Zusammenarbeit mit der Hölderlin-Gesellschaft

Russell T. Barnhart,
Gamblers of Yesteryear, Las Vegas 1983

Adolf Beck (Hrsg.),
Hölderlin, Chronik seines Lebens mit ausgewählten Bildnissen, Frankfurt, 1978

Pierre Bertaux
Friedrich Hölderlin, Frankfurt 1978

Alfred Biallas,
Louis Jacobi, 1836–1910, Baumeister und Bürger Homburgs, Ausstellungskatalog 1986, Hg. Magistrat der Stadt Bad Homburg v. d. H., 1986

Wolfgang Binder,
Hölderlins Dichtung in Homburg 1799,
In: Hölderlin-Jahrbuch, 19/20, (1975–1977)

Ursula Brauer,
– Isaac von Sinclair – Eine Biographie,
Stuttgart 1993
– Friedrich Hölderlin und Isaac von Sinclair,
Stationen einer Freundschaft.
In: Aus dem Stadtarchiv, Vorträge zur Bad Homburger Geschichte, 1993/94

Egon Caesar Conte Corti,
Der Zauberer von Homburg und Monte Carlo, Leipzig 1932

Fjodor Dostojewski,
– Der Spieler, München, 1994
– Gesammelte Briefe 1833–1881, München 1966

Emilie Droescher (Hg.)
Briefe der Prinzessin Wilhelm von Preußen, geb. Prinzessin Marianne von Hessen-Homburg, an ihren Bruder Ludwig. Sonderabdruck aus den Mitteilungen des Vereins für Geschichte und Landeskunde zu Homburg v. d. H. Achtes Heft, 1904

Harald Fechner,
Das alte Bad Homburg 1870–1920, Villingen, 1977

Heinz Grosche,
Geschichte der Stadt Bad Homburg v. d. Höhe, Band III, Kaiserzeit, Frankfurt 1986

Notker Hammerstein,
Fürstenerziehung der frühen Neuzeit am Beispiel Hessen-Homburg. In: Bad Homburg vor der Höhe, 782–1982, Beiträge zur Geschichte, Kunst und Literatur, Hg. Magistrat der Stadt Bad Homburg, 1983

Heinrich Jacobi,
Zur Hundertjahrfeier des Heilbads Homburg, Verein für Geschichte und Altertumskunde zu Bad Homburg v. d. H., Heft 18, 1935

Christoph Jamme und Otto Pöggeler (Hg.),
Homburg vor der Höhe in der deutschen Geistesgeschichte, Stuttgart, 1981

Stella Junker,
Sanierungskonzept Tannenwaldallee, Dipl. Arbeit, FH Wiesbaden 1988

Friedrich Lotz,
Geschichte der Stadt Bad Homburg,
Bd. II, Die Landgrafenzeit, Frankfurt, 1972

Fried Lübbecke,
Kleines Vaterland Bad Homburg vor der Höhe, Frankfurt, am Main 1956

William Makepiece Thackeray,
The Kickleburys on the Rhine. In: The Christmas Book of Mr. M. A. Titmarsh, in: The Works in Twelve Volumes Vol. XII, London 1879

Roswitha Mattausch-Schirmbeck und Gotthard Brandler (Hg.)
Ich lese, male und schreibe ohn Unterlaß...
Elizabeth, englische Prinzessin und Landgräfin von Hessen-Homburg als Künstlerin und Sammlerin, Bad Homburg, 1995

Leila von Meister,
Gathered Yesterdays, London 1963

Herbert Rosendorfer, Der Prinz von Homburg. Biographie, München, 1989

Edzard Schaper,
Attentat auf den Mächtigen, Frankfurt, 1957

Gabriela Schlick, Die Landgrafschaft Hessen-Homburg 1816–1866. Liberale Bestrebungen oder rückkehr zum Status Quo Ante? Magisterarbeit, Veröffentlichung im Herbst 1996

Ernst Schulze,
– Lebensbeschreibung des Prinzen Ludwig Gruno von Hessen-Homburg, Mitteilungen der Vereins für Geschichtet und Altertumskunde zu Bad Homburg v. d. H. Fünftes Heft, 1892

– Beiträge zur Lebensgeschichte des Erbprinzen Friedrich Josef von Hessen-Homburg, Sechstes Heft des o.a. Vereins, 1899

Gerta Walsh,
Bemerkenswerte Frauen in Homburg. Frauen prägen 300 Jahre Bad Homburger Geschichte, Frankfurt, 1995

Dr. Annette Seemann, Fankfurt, danke ich für das Material zu Walter Lübke und Franziska Gräfin Reventlow.

Personenregister